古晟的誕生

陳福成六十回顧詩展

陳 福 成 著

文 學 叢 刊
文史哲出版社印行

國家圖書館出版品預行編目資料

古晟的誕生：陳福成六十回顧詩展 / 陳福成
著. -- 初版 -- 臺北市：文史哲, 民 102.04
頁; 公分（文學叢刊；291）
ISBN 978-986-314-108-2（平裝）

1.新詩

851.486　　　　102007413

文學叢刊 291

古晟的誕生

陳福成六十回顧詩展

著者：陳福成
出版者：文史哲出版社
http:// www.lapen.com.tw
e-mail：lapen@ms74.hinet.net
登記證字號：行政院新聞局版臺業字五三三七號
發行人：彭正雄
發行所：文史哲出版社
印刷者：文史哲出版社
臺北市羅斯福路一段七十二巷四號
郵政劃撥帳號：一六一八〇一七五
電話886-2-23511028・傳真886-2-23965656

定價新臺幣四四〇元

中華民國一〇二年（2013）四月初版

ISBN 978-986-314-108-2　　08291

古晟的誕生

——陳福成六十回顧詩展

目次

輯四：長詩卷

自序：感恩，及關於好詩的看法

六十歲了，謝天謝地，謝謝父母，感謝佛陀、菩薩加持、愛護，無限感恩。靜靜的，不敢驚動任何人（我媽媽說的），一顆心也淨淨的，但至少謐謐的出一本詩集，以示紀念。

這本詩集包含發表及未發表，至於刊載在那裡？有些未及時註明，日久也就忘了，是個人不夠專心敬業所致；大多新作及少部數十年前舊作修訂，編成一冊紀念集。

本書編成不分詩的性質或年代，概以微型詩、小詩、短詩及長詩分輯。何謂長短微小？詩壇上並無定論，數十行是長詩，千百行更是長詩。本書暫以三行（含）內爲微型詩，四到十行爲小詩，十一到二十二行爲短詩，二十三行以上設爲長詩。

另第五輯「非現代詩異傳統詩」，只是一種實驗寫法，不易定位爲何種詩體。詩，任何詩，最重要的也是成爲好詩的條件，是感動人心，動人心弦，引起共鳴，其他全是次要的，屬細微末節的事，這是個人一輩子讀詩寫詩的一點初淺看法。

第六輯近作綜合卷，都是近年所作，一併收入，也見近年一些感想。人生能走到六十，除了謝天謝地，也要感恩許多因緣。朋友的因緣、同仁師兄弟的因緣、家人的因緣，乃至三世因緣；畢竟，這世上有許多人走不到六十這站，那是天命或是「業」，吾人不得而知。

而我，珍惜所擁有的，六十這個感恩的季節，以出版詩集爲誌爲紀念。並與朋友們分享我的詩情世界。（台北公館蟾蜍山萬盛草堂主人陳福成、誌於二〇一二冬）

二〇〇八年元月十七日晚上訪羅門，在「燈屋」合影，左起：詩人羅門、范揚松、宋秀容、陳福成。

二〇〇八年元月十七日晚上訪羅門，在「燈屋」合影，左起：吳明興、陳福成、羅門、范揚松。

二〇〇八年元月八日參加文曉村老師公祭，左起：賴益成、吳明興、陳福成、莊雲惠、丹萱、范揚松。

二○○八年九月二十七日「文訊雜誌」假「秋水詩屋」舉辦「座談會」的留影。前排左起：吳嘉琦、莫云、琹川、涂靜怡、吳莉婷。後排左起：趙化、許定暉、方飛白、喬林、麥穗、李瑞騰、林煥彰、古晟。（照片翻拍自「秋水詩刊」一三九期，二○○八年十月。）

秋水詩人在靈歌的豪宅，前排左起：陳福成、汪洋萍、林齡、雪飛、靈歌。後排左起：風信子、莫云、俞梅、涂靜怡、陽荷、琹川、陳欣心、趙化。

「遠望雜誌」同仁年會，二○○八年三月八日，在國軍英雄館。

13 照 片

長年流浪在阿拉伯世界的詩人方飛白（左）與本書作者陳福成。2008 年 9 月 27 日在「秋水詩屋」。

左起：導演徐天榮、葡刊主編台客、本書作者陳福成、青溪理事長林靜助、詩人潘浩、詩人林芙蓉。2008 年 6 月在台北市錦華樓。

台大好友遊宜蘭「藏酒」，左起：吳普炎夫妻、陳福成、吳元俊、關麗蘇、最右是吳信義。

文友常在「大人物公司」聚會，左起：陳福成、蔣湘蘭、范揚松、吳明興、方飛白。（2007 年某日）

與妻遊海南省（2008 年春）

在北京八達嶺長城（2007 年 11 月 3 日）

青溪論壇與九江文協座談會。2008 年 7 月在江西九江。

一群詩友在范揚松的公司飲酒作詩。（2008 年夏）

第一次應山西芮城好友劉焦智之邀，於 2010 年 10 月前往參訪，以下（含）共七張同

在芮城麗都酒樓，正中是劉焦智和他的「熊貓」。

師兄弟三人在山西運城關公祖廟

鄭州大學留影。
前排左起：吳信義、陳福成、李舜玉、樊洛平教授
後排左起：台、江奎章、郭曉平先生、俊歌

秋水詩屋成立慶祝茶會

「秋水詩屋」成立慶祝茶會的留影，第一排左起：謝輝煌、洪揚、涂靜怡，風信子，賴益成，彭正雄、陳福成，塵心。第二排左起：文彥、向明、丁文智、晶晶、雪飛、林齡、文曉村、龔華、蔡信昌。第三排左起：劉軍、薛莉、朵思、金劍、王璞、陽荷、靈歌、俞梅、莫非、亞媺、燕姬、陳欣心、沙穗、清菊、莫云、琹川、台客。（二○○六年四月十六日）。

詩歌藝術學會暨

中國詩歌藝術學會聯誼。二○○八年十一月九日在錦華樓。

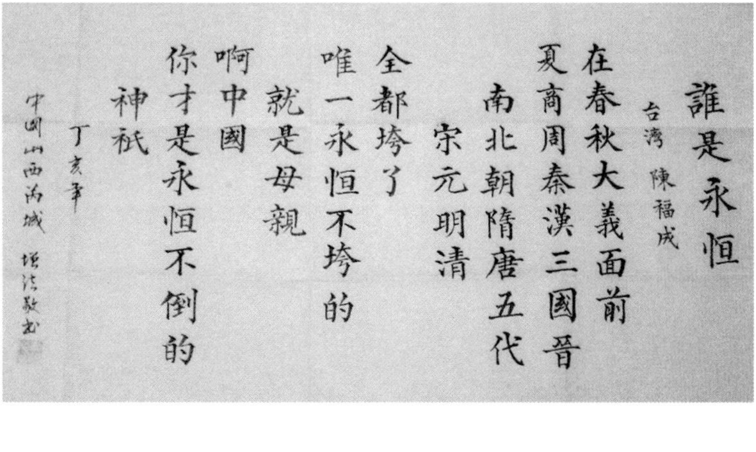
誰是永恒
台湾 陳福成
在春秋大義面前
夏商周秦漢三國晋
南北朝隋唐五代
宋元明清
全都垮了
唯一永恒不垮的
就是母親
啊中國
你才是永恒不倒的
神祇
丁亥年
中國山西芮城 增法敬书

詩：本書作者陳福成；書法：山西芮城劉增法。

畫家陳能梨小姐作品。

畫家陳能梨（右）小姐贈畫。

師兄弟三人在芮城大禹渡龍柏前

在西安機場

以下（含）七張是二〇一一年九月由台客領軍的鄭州、芮城之旅，鄭州大學文學院院長單占生（正中）晚宴。

師兄弟三人在禹王廟

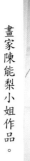

17 照　片

在芮城永樂宮，最右是張亦農先生

樊洛平教授帶領大家參觀河南博物院

這晚，我們在平遙古城

在五台山

葡萄園社刊的山西詩友馮福祿(右三)，帶領參觀「晉國古都博物館」。

朋友的朋友陳定梅(左三和她二女兒(羅啟莉)，帶我們參觀喬家大院。

這三個娃兒都叫我舅公。

這五張相片是筆者六十歲時，
妹妹和他們家人為我慶生。

代代傳承。

二個妹妹（右）和他們的家人。

感恩！60歲了！

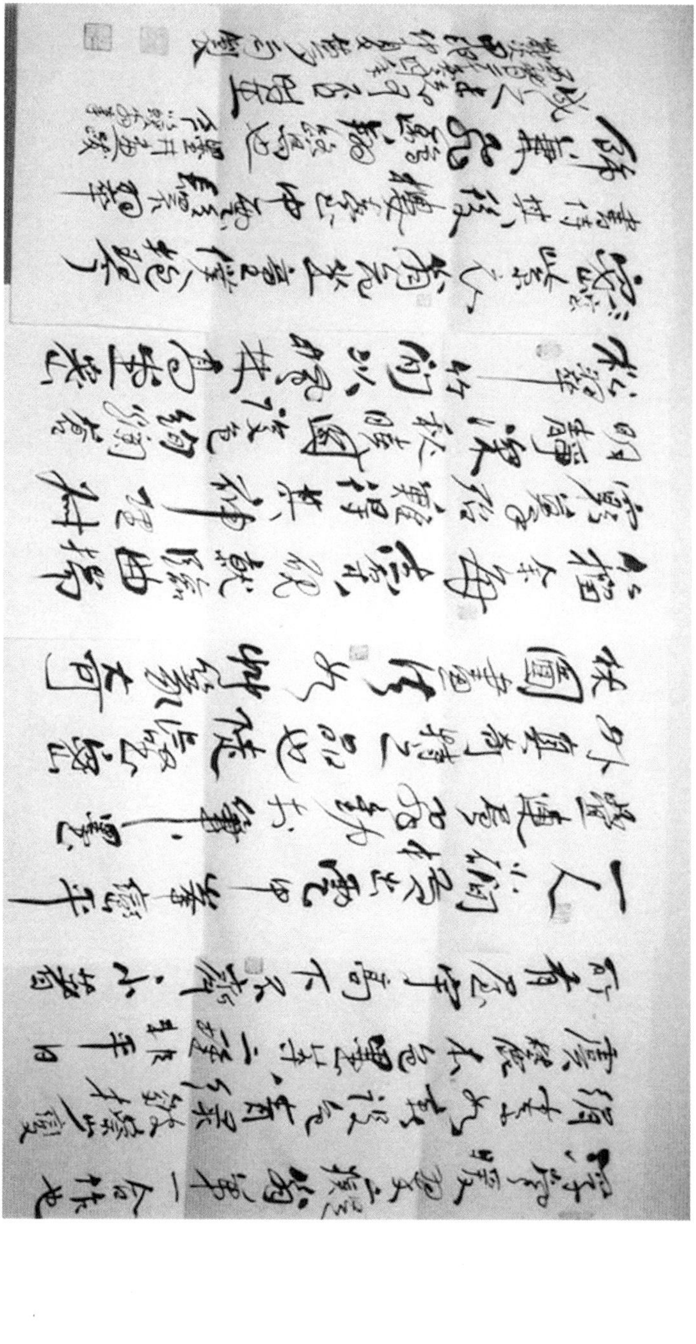

書畫家張夢雨教授作品。

書畫家張夢雨教授作品。

輯一：微型詩卷

巨觀微觀一種觀，針孔攝影全看穿；
別看微詩型極小，宇宙萬端天地寬。

微型詩一屋

椅子

正襟危坐
台頭挺胸
讓你像個人

電視

人在家中養一隻
怪獸
用來控制人

馬桶

現代不現代

進步不進步
只看有沒有我

牀

我的春秋大業
是幫人們完成愛的實踐
或驗證兩性關係

沙發

躺成一副柔軟的身段
彰顯謙卑
才能承擔人們的困頓

書桌

一座知識的平台
為你釀造智慧的小空間
以利創造比宇宙更大的事業

飯桌

其實，天倫之樂
是真相還是假相？
我看得最清楚

電腦

當我越是進化的時候
就是人類的退化

水龍頭（一）

誰說沒有海龍王
怎會有水的龍頭

水龍頭（二）

要他來就來、要他停就停
不聽的
都解聘

微型詩一鍋

電鍋

所謂現代，像我
只把生米煮成熟飯
其他不管

悶燒鍋

悶燒有甚麼不好
一人搞，江山唯我
搞出一鍋屬於自己的好料

炒菜鍋

確實炒鬧的孩子有糖吃

如我不炒
大家都沒得吃

鍋 蓋

不屬於我的鍋
我絕不幹
忠誠獎應該頒給我

沙 鍋

要破「三一九案」找我
打破沙鍋問到底
再問沙鍋的底在那裡？

全民大悶鍋

這種鍋最爛
品質又差

台灣就是被這種鍋搞垮的

鐵　鑊

鑊烹太殘忍了
現在講進步
用冷水煮青蛙

一種大鐵鍋

其大無外　其小無內
政客專用的
也是用來冷水煮青蛙

微型詩一盤

百年一嘆

家產丟的
剩下不到1/100
慶祝甚麼？

建國百年感想，二〇一一年底

六十回顧

著作等身
經典未出

二〇一二年春季與出版家老友彭正雄先生，研究出版「陳福成全集」（預計63冊）有感。

三十功名

金馬台澎一場空夢
星星被我推的遠遠
無意拾獲六朵花

五年台大

原來
明心見性的道場
在這裡

十九年野戰部隊

比王寶川等他老公多一年
我空等閒
白了少年頭

四年馬祖

都說那裡鷄不生蛋鳥不拉屎

我在的時候全都是鳥
閒的忙的做工的打砲的都是鳥兒

二年高登

沒水沒電的地方
只有幾百隻公鳥
求偶都沒機會

五年金門

果然是金門
原子彈也打不穿
現在成了兩岸的金橋

二年小金門

這裡匿藏著
一個個山大王

微型詩一畝

回憶

愈陳愈香
再醞釀百年
成國寶古董

童年

春夏秋冬把我脫的光光光
來和我的光屁屁
玩玩玩

牽牛花

不管在那裡
久了
準會外遇

桃花

藏不住的心事
為誰
羞的一臉緋紅

秋

古來以詩人的心為
住家

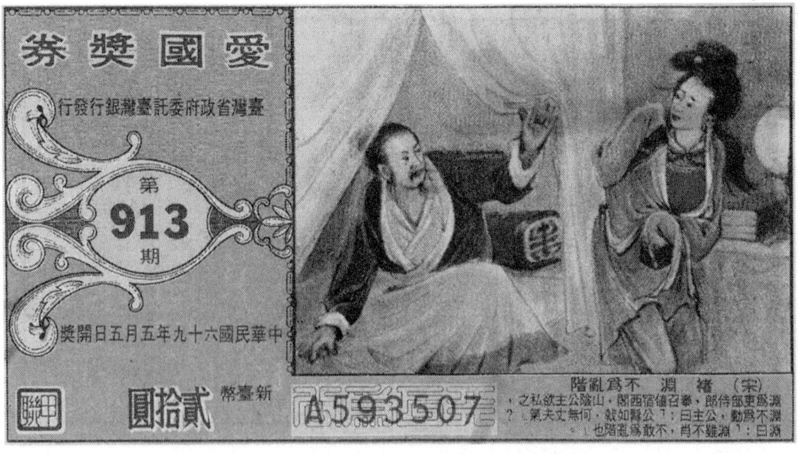

歲月

不斷對時間進行一波波
革命　或造反
總是失敗

時間

專權統治　宰制一切　永不退位
從未遇到制衡者
他才是萬能的神

島上的小鳥

這裡的小鳥個個不安
放飛、溜鳥或躲在籠子裡
總是不安全

蒼蠅

總是在上面盤旋
有機會就吃——咬
永遠趕不走

冬

秋決過了
心寒寒的

微型詩一叢

玫瑰花語

鮮紅艷麗的熱情
能維持多久？
妳說：曾經有過便是永恆

海棠花語

一樣的鮮紅
以前像一處處傷口流的血
如今是日昇的紅彩

霧

有你，愛情多唯美

沒你，愛情一走了之

人 生

生老病死
苦寂滅空

珍妃井

百年了
妳瞪著蒼天
何用？

梅 心

以冰冷的體溫臥寒冬
用精神意志點火昇華
成團結民族的熱血

桌語

我喜歡迎接人們的擁抱，或有時
悲憫人們的傷痛
讓他們伏在我身上哭泣

燈語

我急著照亮這世界
人急著搞黑和抹黑

亭

總是踮起腳尖
遠望、迎接
疲累的旅人

井

亙古以來以深邃的眼神
迎望蒼天
想問……

橋

一種被讚美的腳踏兩條船
讓雙方交流、溝通
甚至統一

神說

眾生一切問題都在自己心中
我哪知道
故不語

夕陽講道

入土或寂滅都不是生命的結束
只是一段輪迴　不信
明朝見我

夜　說

你們說太多了
靜一下

波浪說

你們所看到的起落
都是假相
不起不落的本來面目在底層心中

葡萄園詩刊，一八四期，
二〇〇九年十一月十五日

微型詩一束

稿紙

我有荒地千萬頃
留給詩人作家
耕種

大同

航空母艦和一葉扁舟
行過都起浪
不久，無痕

「九一一事件」

野狼企圖吃遍天下
遭神犬圍攻　而
潛龍勿用

異化的日子

明明是冬天　全島高溫
如火山要爆炸
而夏天，人心苦寒啊

夢　說

諸君想要實現任何願望
找我

荊　鑾

自六祖惠能後
悟者何人？

雨　夜

天誦大悲咒
這裡的人們
哭了一夜

二〇〇九年年初，一個寒夜雨泣日

窮得只剩下錢

他去人化後
只是一塊
有慾會動的錢

光陰長河

這條無限長的河
找不到源頭
也不知流到那裡

春風

沒有酒精濃度
情人乾一杯
醉倒整夜

時間

你自無始之始來
在每個時代
入定

玫瑰花

那鮮艷的酒紅
欲醉何人？

葡萄園詩刊，一八三期，
二〇〇九年八月十五日

輯二：小詩卷

小小芥子藏須彌，人小鬼大最離奇；
詩小小詩意無窮，寫出上品才是稀。

時間是一部車

誰生產的好車
載得動生老病死
容得下風雨苦愁
卸貨後仍是一車
空空

時間雕刻家

你下手公平跡痕入木
對男人
施工進度從不落後
女人捨得花大把鈔票
你便慢工細活
刻痕卻一樣深

貓

詭異的眼
深綠　淺綠
在黑夜中
找路　叫春

我們是一群流流流流
浪浪浪
流浪
四百年
不干心
小小老貓

春節，有些醉

孤寂的夜裡，心海虎虎生浪
我飲一杯流傳千年的月色
與月娘說些酒話
因為這月光竟浣洗我的半生
把一甲子釀成酒
這酒，怎的
愈來愈讓人醉的
頭腦不清——的
醉吧

記二〇一〇春節　陳福成
三月六日三月詩會習作

茶的一生

一輩子哺以
春霖夏雨
秋高氣爽
偶有補冬　都為
布施
給口渴的人

秋水詩刊，一四〇期，
二〇〇九年元月

口紅

能改變一顆星球的標幟顏色
快速蛻換出另一人種所要的
陽光　空氣　水分
以吸引一顆炙熱的星球
產生摩擦生電
利於孕育新生物種的
一種古老珍貴元素

秋水詩刊，一四〇期，
二〇〇九年元月

日出日落

大地經一夜養足了精神
醒來
鼓腹一吹
吹出一個超大泡泡
慢慢飄升上了藍天白雲

穹冥累了整個大白天
靜靜的收束翅膀
乖乖的　盡責
孵蛋
一顆超大蛋蛋沉入夢鄉

秋水詩刊，一四〇期，二〇〇九年元月

再見，樂山大佛

再見，大佛、空海
今後我們同住在一粒飄浮虛空的
沙塵
你們是左鄰
我住右舍
從書房的窗口就能對話
晨昏都能聽經聞法

或偶爾　窗口
有佛法飄入

（二〇〇九・十一自四川回來，十二・五日「三月詩會」習作）
世界詩壇，二〇〇九年十二月廿四日

故鄉在那裡？

故鄉在那裡
一輩子沒見過
是藏在心中

雖遠在千里外
從小庭院裡有鄉音朵朵開
其實也不遠

啊！故鄉在那裡
在心中、在腳上
每個基因都住在故鄉

（二〇〇九年十一月自四川歸來
二〇一〇年元月二日三月詩會習作）

風的種類

飄
新娘的薄紗飛揚
滿山的花兒都笑了
飆
晚娘嘴裡狂風起
整座山開始逃亡

葡萄園詩刊，一八八期
二〇一〇年冬季號

豪門

風光的進門
得意門
迤邐一灣　跌入海
深不可測　探不到底
那裡逃　打一一九　或……
真是九一一啊

葡萄園詩刊，一八八期
二〇一〇年冬季號

林間玩耍的夕陽

妳俏皮　悄悄然
從樹間溜進
玩耍
閃閃躲躲　擠眉弄眼
回眸　戲我
傾倒　軟弱無力
就躺在林間
入夢

葡萄園詩刊，一八八期
二〇一〇年冬季號

塵緣未了

落葉漫飄
想著世緣已了
誰知颳來一陣無常風
心頭一驚 一頭撞上
漣漪擴向四方
嚇壞一隻覓食的蜘蛛
害牠……

葡萄園詩刊，一八八期
二〇一〇年冬季號

遠山

忽隱忽現的幻覺
端坐的是
佛　還是我
瞇起眼兒細瞧
怕
瞬間消失

葡萄園詩刊，一八八期
二〇一〇年冬季號

乾了月色

斟滿一杯多情的月色
乾了
月色都被我乾成暗淡
因為這溫柔的夜月
曾經洗出一張張
屬於我們的回憶
如今歲月醞釀成老酒
醉眼望月如妳的回眸
這片刻凝視
值一生相守

二〇一〇年中秋夜

紅綠燈口一景

看那光景多險惡
有人在路口，手提著老命
與呼嘯而過的野獸拼搏
企圖用餌誘引獸類愛心

而那一匹匹奔馳中的獸
凍結成一塊金屬
叫冰冷的鐵開花
多難

宜蘭藏酒莊

群甕聚集
有的仰天長嘯
想說甚麼
有的乾脆把屁屁
對準天
甚麼也不想說

二〇一〇年九月四日
台大退休人員聯誼會宜蘭遊

微風

流連溪澗
一顆與世界同大的巨岩叫我
躺在他背上
許多溫柔的手
剝光我全身羽衣

閉上雙眼
四肢舒展
任她們撫摸
直到海枯石爛吧

天理和人欲

一犬
抱在懷裡是
乖順的寵物
野放　久了成
流浪狗
會傷人

可以的

少吃一塊肉
可以
普渡眾生
點起一盞燈
可以
照亮宇宙黑洞

活著
你讓千萬年歷史長河
永續不斷

無題

共釀的一壺心事
斟滿一杯
濃濃的
擺放了三十年
等不到妳來共飲
卻仍飄著妳最愛的
酒香

二〇〇七年夏・心靈憶往

無解

高處
一隻眼睛
冷冷的
觀世
看一座島嶼
沈淪　沈淪　沈淪

二〇〇七年夏

法統重光

小偷竊佔小屋
爛賴了八年
小馬趕走竊賊
快垮的小屋得好好整修

二〇〇八年冬・台北

等待陽光的向日葵

千萬向日葵
苦等陽光
八年
才撥雲見日
看到藍空陽明

二〇〇八年冬・台北

？

有一個人
把先祖給他的一座太平洋
以半生玩成
小池塘

中年有悟
把僅剩的一滴水
竟昇華
成一座壯麗無邊的
碧海藍天

有感於這六十年來的起落
二〇一〇年冬・台北

年

你下手公平　跡痕入木
對男人
施工進度很少落後
在他臉上刻著
一年　又一年

對捨得花錢的女人
尤其對SK2 有貢獻的
你的施工緩和多了
總是未見
一年　又一年

盆景

坐觀紫虛
采釀八方精粹
去蕪雜存真心
想到大叢林中爭天下
奈何
熱不起來
只好自我建構
清冷
唯美
小世界

葡萄園詩刊，一九一期，
二〇一一年秋季號

酷暑

妳的火辣叫人受不了
日夜躲不開妳的熱情

無關緣分
妳就是酷、酷、酷
讓人都脫、脫、脫

葡萄園詩刊，一九一期，
二〇一一年秋季號

智慧花開

海洋不大
心花悟了
海洋在你心中

誰說花無千日紅
心花開了
便是永恆的春天

智慧花開
生命可穿梭時空
密訪三皇五帝

荷包蛋

竈前閃著幽明之光
眈視
一輪明月若隱若現
在雲霧中飄香

過半世紀仍有餘溫
是一生享用不盡
最唯美懷念的色香味

憶童年時光，二〇一〇年冬 台北

惑與悟

以一輩
把一泓汪洋
玩成即將乾涸的池塘

天命之年　有悟
又把僅剩的一滴水
昇華
成一座壯麗的碧海藍天

輯三：短詩卷

人生意義非長短，短詩也有大宏觀；
天下至美迷你裙，讀者無災大家歡。

古晟的誕生

涂月週末晌午
靜聆秋水溪畔有風聲水聲
怡然自得，在水之湄
風聲水聲潺潺湲湲
信手掬取一瓢湛然
子兩袖清風，胸中有詩
琹心劍膽，語調如溪畔春風
川流不息的秋水王國有百花鳴放
莫或使之若或使之
云云然

掌門人曰：同意他的誕生
取名古晟
儘速到泱泱秋水雲中樓報戶口
時春秋已然過天命

記四位詩人醞釀「古晟」的誕生，
時天命初過，在秋水詩屋中。

那夜，醉後

椰影，在蒼穹的舞榭上搖曳
晚風，對著椰林搔首弄姿
是酒後的鬱卒和寂寞難熬
來吧！吹我的風笛

今夜，窗外椰影，何樣光景？
有我、有妳
月有些嬌羞不願明照
妳醉的深深無語

我化作一陣清涼的夜風

撩起妳的裙襬
吵醒一夜宿醉的妳
妳醒或不醒都無所謂

反正，妳我之間總會有些飄雲細雨

民八十三年作，二〇一二年春再修定稿

翡翠灣的黃昏

風說著瘋言瘋語的醉話
瘋迷了天空中所有的鳥
都成了一隻隻酒醉的滑翔翼

一整排的風林也都醉了
在和成龍較量醉拳

夕陽喝的滿臉通紅
他酒品最好，祇說：
我喝了酒就想回崦嵫山睡覺
妳，醉成一朵朵溫柔的梨渦

我，還未舉杯，就一頭栽醉在
妳的涴演旋流陣中
這世界竟沒有醒著的

民八十七年作於台大

夜之頌歌

張著臂膀，在這淡夜椰林下
靜靜的，把妳緊抱在我密實的蒼穹
月，從林葉間覬覦窺視
颼颼……颼颼……
是夜風打翻了醋瓶子
休管他，休管他外界的閒事

咬著蜜桃，在這多情的方舟裏
緊緊的，妳在我粼粼的流波裏沐浴
夜，是那麼的聽話乖巧，就暗了下來
颯颯……颯颯……
是祇有月老纔可以詮釋的情話

封緊了，封緊了竟沒有蜜語的時間
這是何年何月？何樣光景？
前世就已建築好的平臺
今夜，我們固守著這個前世今生的平臺
飄飄……飄飄……
衹有被Cupid 一弓射中纔有欲仙的感覺
黏緊了，黏緊了休管他外面砲彈飛來

民八十六年作，多次重修，二〇一二年春再修定稿

小黑的抗議

小黑提出嚴重的抗議
為甚麼把我當成第十二類補給品①？
還排在「八三一」後面
客氣時叫我土狗
心情不好就叫走狗、瘋狗、老狗或看門狗

我再次向全人類提出抗議
我纔是智者
當夜黑風高的晚上，祇有我知道
敵人和同志的腳步聲不同
水鬼、酒鬼和賭鬼體味有異
人是靠不住的

斥候這行業我是專家
沒有了我
反共長城可能早垮了
「圍堵政策」成敗難料！
今日未必是「後冷戰」！
全人類必須修正對我的看法與對待

本詩寫於民國六十九年，馬祖高登，後經多次修訂加註。

①早年兩岸關係緊張，外島兵力不足，各據點崗哨養了很多土狗，晚上都能協助站衛兵，有任何風吹草動，狗都先有警覺。再者更多的功用，早年軍隊伙食營養不足，各小島或因交通船補給不上，官兵只得殺狗補充營養。情況緊急時，指揮官甚至下令嚴格管制「狗口」，列入「戰備軍糧」，因此官兵戲稱為「第十二類補給品」。外島國軍正常補給品只有十大類，「八三一」是非正式的第十一類「補給品」，而狗則是「非正式」第十二類補給品。又，現在時代不同了，狗的地位已有提升。在那革命的年代，有許多的狗也和國軍官兵一樣，為反共大業做出「犧牲」與貢獻。但歷史忘了他們的功勞。民國六十七到六十九年間，我任職馬祖高

登砲兵連長，全連官兵七十餘人，狗的數量常保持近百口。確實有很多「狗兄弟」在我連上犧牲，本文希能安慰那些為國犧牲的「狗兄弟姊妹」們！

②兩岸軍事對峙時期，雙方駐守前線的水兵常在夜間出任務，偵察對方陣地布陣情形，常聽到某某陣地的衛兵頭被「摸」走了。當時金馬前線官兵稱共軍夜間來「摸」的水兵，叫「水鬼」。

③凡是被當成「補給品」食用的狗兒，都是一般所稱的「土狗」編制有案的「軍犬」不可能被當食品吃掉，軍犬也有「軍餉」，有專人照料。

軍犬老了，通常也能受到人道待遇，有地方可以「養老」（如下圖這隻「愛刊」），真是好命狗。所以，狗兒也如人，有好命的，有歹命的，或許各有造化吧！

最後一隻海巡犬 軍餉1396元

退役軍犬「愛刊」已經十五歲，在屏東恆春山海里安檢所養老。 圖／海岸巡防總局提供

2013.5.20

【本報台北訊】海岸巡防署極盛時期有兩百九十隻軍犬，在海岸線陪同士兵步巡與查哨。目前全國海巡部隊最後一隻軍犬「愛刊」已經十五歲，在屏東恆春山海里安檢所；海巡署每月為牠編列一千三百九十六元「軍餉」，讓牠在崗位上終老。

海巡軍犬須通過搜索與攻擊等訓練，分發到海岸線或港口安檢所，陪同士兵執行巡邏與安檢業務。但在監控與檢查科技日新月異下，軍犬任務走入歷史，因沒有退場機制，海巡軍犬由部隊列帳飼養，直至終老。

立委呼籲國軍將除役軍犬開放民間認養，但軍犬有戰鬥搜索與攻擊戰技，憲兵完成「除役軍犬管理暨認養實施計畫」，軍犬退伍後由軍警列管，由憲兵組成輔訪小組，每半年訪問，確認退役軍犬沒有從事有安全疑慮的工作。

海巡部隊軍犬命名從忠、孝、仁、愛排下來，後面再選字配名，到愛字輩軍犬需求就減少了。海岸巡防總局說，狼狗「愛刊」在山海里安檢所，雖然編制為服勤犬，但牠高齡十五歲，八歲就除役了，脫離服勤行列，由原部隊飼養至今，是全國海巡部隊最後一隻軍犬。

岸巡總局表示，海巡署每月為「愛刊」編列一千三百九十六元飼養、醫療與管理費用，形同軍餉。「愛刊」按規定服用預防心絲蟲的藥物，每天中午、傍晚由士兵帶出門散步，走的多是牠平常巡邏的路線，冬天兩周洗一次澡，夏天每周一次，目前健康狀況良好。

曾任領犬員的官兵說，海巡軍犬在哨所久了，看著士官兵退伍、輪調，也學會欺負新人，若由新兵餵食還會冷不防咬一口；新人得想辦法讓老鳥軍犬買帳才行。

小黑，對不起！

那年頭大家都瘋了
老蔣和老毛都瘋了
當然我也瘋了
結果你們跟著我們遭殃
那時美其名曰：補充戰士營養不足
上頭又轉達曰：防衛部有命令
據點兵力和狗力比為一比一
半數戰備
半數食用，不准殺光光
那時你們有一個美麗的名字叫香肉
大家大吃香肉

大兵小兵、師長副師長、老士官長……
還流行著一黑二黃三花四白
現在想想太不應該了
我們怎把最好的朋友
吃了
罪過啊，罪過！

所以，小黑，還有小黃、小花、小白……
我要說對不起，向你們道歉
我也吃了你們，而且吃了不少
我早已不吃了
未來不吃，生生世世不吃香肉

其實這些年來
我已皈依佛陀
認識佛法我才了解眾生平等的道理

一般人類食用的肉類也盡量少吃
但願我佛慈悲　廣渡一切眾生
以前被我吃掉的、我連官兵吃掉的
還有當成戰備口糧的
及國共鬪爭、兩岸對峙期間
受到不公平待遇而亡的狗狗們
都能得到安息
往生西方極樂世界

小記：寫二〇一二年春，這首詩雖屬長詩，爲配合「小黑的抗議」和我真誠的告白，兩詩放一起。

溪頭，浪漫歌

咬人猫　懂得距離就是美感
蕨抽嫩葉　款款起舞
微風　輕輕按摩臉龐
芬多精從四週溶於體內　通任督二脈
陽光踮起跳足
伴你在小徑蹁躚旋舞
光陰　停格在侏儸紀時代

逶迤一景　熱鬧了起來
小鳥來分享她的快活
彩蝶在眼前開起春季舞展
你的神思、目光、靈秀氣息

跟著起飛　都長了翅膀
你自由　翱翔
你成為穹窿宇宙中的一隻鷹

走上大學池　在深邃的綠
浣洗這數十年塵囂
清純的記憶　才沉澱
又洄游到這裡
這一路走來　生命的喜悅
經多少揮灑　生命的禮讚
短暫的浪漫之旅
是人生深深的領悟　久久的回憶

二〇一〇・四月・溪頭

大肚山下

寒風中岸然卓絕的梅影是我曾經記憶的童謠
歌聲起自剛勁稀疏的林間，餘音把斜陽拉成長影
夢裏炊煙昇起遠古的回憶
南柯初醒，大肚山之陰已非故鄉

王者之香的身段曾是寤寐以求的風範
亂石嶙峋的山崖雖有過千鈞一髮
我抓住生命之路，緊握自己
讓舊夢再自童年遊戲的林間重萌新芽

松成濤，人成海，村落成市鎮
滄海桑田或囂煩城市都一幕幕從舞臺經過

我祇想愛這泥土，愛這夕陽和圓月
大肚山之陰正是故鄉

原載民國七十二年十月《中華文藝》

後記：約民國八十年間，在一個偶然的機會裡，我和大哥重回大肚山下，故居早已不見了，成了國防部的油庫。但媽媽的娘家還住龍井（陳家），民國九十一年時，舅舅已經九十歲，我和兄妹們回去看他老人家，他已病的不認識我們了。人生的變幻太大，白雲蒼狗，人事全非，惟有大肚山下仍然是我永恆不變「夢中的故鄉」。

大地之歌

獻給母親①

看這包容的大地
我是
從地層裏縱身一躍成一株常綠樹
挺拔地長向藍空
回憶在乳間的擁吻吸吮
而現在張牙舞爪的齒
細嚼每一寸晒過的春泥
新芽與秋收成為一種永恆的循環
把雲望穿成一張皺皺的臉
把路望斷成一條條連接不上的手紋
把船望到成一封萬金家書

午夜夢裏尋不到童年故鄉的小路
聽海風輕唱遊子歌
看白雲追趕天空路
是辛苦而值得享受

妳看！飄葉必定落向大地
海鳥總會歇腳風林
所有的人也遲早要歸回大地的手
妳是太陽
宇宙的中心，我之中心；縱使我是九大行星
也是妳的
妳是萬有引力
三十年吸吮同一條血脈中的養分
三十年把妳啃噬成貧脊憔悴的容顏
燭火有燼；土地需要休息重生
啊！大地

我把肉還給妳
我把血還給妳
我把骨還給妳
我把乾淨的生命全都還給妳
我還有甚麼東西可以給妳，以換取春泥的肥沃

民國七十二年母難日，在馬祖，
原載《中華文藝》，七十二年十月。

①重刊此詩，以紀念母親，臺中縣龍井鄉陳蕊女士。

五彩繽紛　建國百年

看啊！總是五彩繽紛
藍綠橘黃，紅色也艷麗
旗海飄飄，舞動　糾纏
纏住每個人的神經或精神
有誰知道，一面旗子倒下時
如山崩，壓死多少人
那有什麼關係？樹葉要落，花要謝
崩塌與飄落都有詩意
苦痛後，化為春泥，滋養大地

所以，讓旗子舞動吧
舞到該倒下時

親吻大地
藍綠橘黃紅交織成五彩花園
這座花園現在沒有園丁
沒有園丁的花園也美

中華民國建國百年，心有雜感。
二〇一〇年秋草於台北萬盛山莊
葡萄園詩刊，一八八期，二〇一〇年冬季號

筆

我不論躺著站立
必然是筆直的
工作的時候
更是挺立如山

我動筆的時候
必有一堆很耽心的人
但不論如何
大多是幾家歡樂幾家愁

有時我溫柔如水
成雲　成煙　成彩色的夢
或留白也行
都能有不凡之作

我是老成都人

——致答木斧先生

炎黃的血液傳到我身上時
已被稀釋、稀釋、再稀釋
不到億萬萬分之一
我還是炎黃子孫
漠河、撫遠、蒲犂、曾母暗沙
未曾履勘
但啊
那是我心中的夢土

去年我到山西芮城
拜訪未曾謀面的老友焦智兄
芮城街角的男女老少

巷口的老翁阿婆　會心一笑
我們瞬間交心
在台灣生活了六十年的我
前年到成都街頭逛了半個下午
熟稔的景物、史蹟
都向我這老成都人招手問安

葡萄園詩刊，一九一期，
二〇一一年秋季號

小註：上期葡萄園（二〇一一年夏季號），木斧先生有詩「准成都人——給陳福成」，我深感動，以詩致答。並祝福木斧先生，詩戲都得意，身體健康。

迎陸客・通通通

小馬駸駸駿逸
馳城飛塹
馬蹄踏碎路上的土石障礙
與兄弟，隔空打通
大三通　通通通
音爆在島內地空
如雷響起
誰能叫雷不打來？
誰能叫排山倒海立刻靜止不動？
啊！兄弟，我們厭倦了戰爭
讓我們的兵器用來一致對外吧

你高高的亮劍
我準備好收兵的姿勢
讓我們通吧！
島是咱們中國的門戶
海是咱們中國的內院
共構成一道新世紀的戰略長城

愛玩的鮭魚

自從洄游原鄉
汲千載之乳水
養分沁入肺腑
我是一隻快樂無憂的鮭魚

悠游於河海汪洋天空大地
以妳之名把煩雜的生活精煉成詩
或與同類魚種在水草間玩遊戲
我就是愛玩，我現在的生活生命
就是一個　玩

現在更想找一群玩伴，闖天涯天關

好好玩
別為我操心
原鄉母親的養分夠我飽足
夠我提煉詩歌　傳唱四海

一些感想　無以名之　三月詩會
習作二〇一一年七月二日　陳福成

殘冬之夜

苦寒已然窮陰
夜空星子淡漠滄滄
孤寂的路上只有我和妳
相依相偎才有暖意
牽妳手壓過淒清的路
暖意和風釀成一晚春意
撫玩妳的彩雲霧鬢
芳香飄飄叫領頰都忘我
這腼腆殘冬之夜
是妳我的春天
早到的明媚風景

二〇〇九年二月・台北

一個可憐的老人

一個可憐的老人
終日游走於十字路口
賴著國家吃香喝辣，享盡榮華富貴
還找不到進入國門的路
到處向人打聽：靖國神社入門在那裡？
他日好安頓亡靈
看來只有歷史是公平的
五千年中華億萬子民擔任最後法官
在春秋大義面前，他，只是一個漢奸
一個迷戀東洋右派鬼子的老蕃癲
在列祖列宗面前，他，只是一個孽子
一個失智、失能、中風又得思想癌的

可憐老人

二〇一〇年二月六日「三月詩會」

小記：這次三月詩會主題是：失智、失能、中風的老人等等。我首先想到，全台灣最可惡，實際上也是最可憐的老人，就是那被陳阿扁叫「老番癲」的李登輝，爲何？

他看似享盡榮華富貴，那只是物質面。在精神面上，他出賣自己靈肉也就算了，還出賣人民、出賣民族、出賣國家、出賣自己的黨，天下可惡之極者，以李登輝爲最。

最可惡之人，亦是最可憐之人，他一輩子不知自己是誰？一輩子找不到家，可憐啊！可憐！

長髮記

驚聞
讓滿山飄揚成千里青色的脈動
可以推翻封建腐朽
顛覆金字塔的上層權威
收納　八方風雨
匯聚　十方青睞

我以巨掌　厚實的肉
溝紋中溫暖而澎湃的江河之流
撫弄隨風翻飛的叢林
飛過了耳際　滿足與天齊
長髮披過肩　快樂似神仙

終於
飛揚的叢林隨四季變化且流漂千里

秋水詩刊，第一四〇期
二〇〇九年元月

夢之壽誕

我出生於時間的第一個啼聲之前
將會活到空間塌陷後
當天地都毀滅
我為他們彈奏晚安曲
然後，為自己的壽誕寫頌詞
「壽超天地」

長壽
我才能與萬物齊舞
讓夢展翅飛揚
我無所不在　無時不現
白日夢　最快樂

夜長——夢多多
最美

古今如夢　人人在做夢
人人為我檢證——夢是多麼
真實與
永恆

秋水詩刊，第一四〇期
二〇〇九年元月

聽見蕨類和恐龍化石的對話

午夜沈睡
醒來虛虛
窗外夜黑風高　有聲音傳來
蕨類得意的說
我們這些柔弱的沈默者
終於熬過苦難
存活下來
且子孫綿延　族群壯大
恐龍以化石之姿回話
我們曾是地球上最強大的統治者
現在任人挖掘、供人觀賞

二〇一〇・四月・溪頭

牧牛

放牛吃草他到處亂跑
闖下巨禍不得了
溪邊找到牛拖他回家
他却狂奔

牛性頑冥須得調伏
嚴加約束多少管用
我鞭不離手羈不離身
黃昏時　騎牛回家

牛在夢中　人也閒
彼此忘了你的存在

繩子掛在牆上壞朽
終於
牛馱牧童伴夕陽

「三月詩會」二〇〇九、四、四作品、
五月二日聚會再修稿。

冬夜讀史記

明月臨寒窗　未及啟齒
疏落的眼神
夜　冷靜如寒蟬
寒風無心翻動書頁
我任意讀　發現
太史公春秋之筆仍在疾書著
墨漬未乾，此刻，卻停筆了
太史公起身　臨窗迎月
相對倆無言
沈思　一支筆以春秋的高度
震懾二千寒冬
怎麼廿一世紀初始就要停筆

太史公喃喃自語　沒人理他
冷風一翻竟是孔子世家
有聲音自亙古傳來
囑我續寫史記
秋風日緊　寒冬日長
而春天一直不來
春秋之筆如是說

二〇〇九、元、三、「三月詩會」

四季風

爛漫歡情肆意　頃刻
瀲灩的歌聲驚醒沈睡的仙子
滿山遍野競艷的欲望
都爭先綻放　情愫泌溢
策動人人解放

是誰點燃燎原的心火
把人烘的腦部缺氧
都說脫了脫了吧
只有樹下獨立的鷄
有一點思考判斷力

悲涼意圖浸淫愉悅風光

沈甸甸的天空鎮壓大地
伊人以熱情
薰染整片山林又漫溢蒼穹
成熾紅的愛

東北季風掀起江湖浪潮
冰清玉潔固守傳統家風
雪白彰顯一種堅貞
等待
一個即將來臨的彩色季節

二〇一〇年四月三日「三月詩會」習作
陳福成

起死回生

狂飆巨浪的年代，我只是
浪腳的一滴水
在海峽間穿梭　落寞的眼神
曾是「兩四洞」門主
沒有戰爭
水滴　即將乾涸

不久　水滴在紅塵一角
靜思　修行
向佛陀借取
般若智慧　把一滴水

重構成一方大海洋
新世界

小記：前半生轉折的感想，「兩四洞」是「二四〇」的軍語發音，是國軍早期火力最強大的砲兵武器，只配置在金馬前線。作於二〇〇八年春。

外面的雨聲說甚麼？

外面的雨下不停
忽大忽小
就算看起來是好天氣
也像暴風雨的前夕
搞的人們不曉得怎樣過活

我裝著鎮定，自勉
八風吹不動
把頭深重的埋入
唐宋詩詞或十三經
惟風聲雨聲讀書聲聲聲撞在心頭

外面的雨聲說甚麼？
人聽不懂，風也聽不懂
只是雨拼命的下，風拼命的吹
吹垮了人，吹垮了島
淹沒了人心，淹沒了大地
大家仍都不懂外面的雨聲說甚麼？

二〇〇七年冬作
二〇〇八年冬修稿並於十二月六日三月詩會朗讀受評

泡，一隻漂亮的馬

眼睛到了街上，就立刻榮封
晉陞高階巡官
察吏安民

凝視，使溫度升高，新陳代謝加快
視線如溫暖的陽光灑落
泡在一隻漂亮的馬兒身上
泡著、泡著，那智慧的流波
騎著馬兒，在草原上慢慢奔馳
不疾不徐，緩緩舒展
終於才感受到
騎馬是一種人生美學

是活到老學到老的必修學分

年青的馬兒跑的快，不久她已隱逸
老眼昏花，視覺頓了
再怎麼快的轎夫也快不過一隻馬
別追了
不久又會看到一隻更漂亮的馬

二〇〇七年元月，台北。

這裡

我走進孔丘的廟堂
為找尋春秋正義
這裡
果然存有
整個氣氛都乾乾淨淨
公平情義與和平的芳香
縷縷爛縵

一出門檻
到處是搔擾、髒亂或侵奪
再出去
一場場對決撕殺的零和遊戲

永不止息的上演
終於
烏雲遮蔽藍天陽光
世紀末的大冰河時代提早降臨
這裡

小記：在台獨政客操弄下，台灣社會從「移民社會」和「殖民社會」，質變成「篡竊社會」。社會各角落再也找不到公平正義和慈悲仁愛的氣氛，想要感受此種氣氛只有走進孔廟。二〇〇八年春於台北。

西北雨

暴徒驟然闖到
一陣匹哩拍拉亂槍射下
眾人驚魂
洶洶擊聲湧現
嚇令，不要動

又一批暴徒以飛箭之姿
從窗口射入
濕透辦公桌上的公文
企圖湮滅證據
瞬間揚長而去
眾人尚未回魂

這支筆

你帶著前世今生的業力轉世
代代輪迴都投胎成為這支筆
這支筆，纖手細弱，不如一顆拳頭
沒有殺傷力
但很多人怕這支筆

他身形瘦削的站著
眼睛張的大大，耳朵提的高高
天聽自我民聽，天視自我民視
那些篡國竊位的，三一九作弊的
真是罄竹難書啊
別的不怕，就怕這支筆

不怕人民，不怕法律，不怕天譴
就怕這支筆
他啟動筆勁，下筆有神
亂臣賊子懼啊

這支筆，很單薄，不如一細鈔票
更不如一頂烏紗帽
但都怕這支筆，因為
正義或邪說，君子或妖魔，功或過……
都要由他認證
一支春秋筆
是中國歷史上萬世不朽的憲法

二〇〇五年冬稿，
二〇〇七年冬修於台北

午夜，傳來西洋歌劇聲

夜黑　沈靜　微風中
甚麼魔音喚醒深睡千年的屍魂
魅影　尖聲
漸漸的近了　近了

有犬聲狂吠——傾刻
尖聲高八度　再高　再高
兒時，媽媽說，這聲音
是鬼來了　快睡

啊——
啊——
啊——

這是女鬼的聲音
嗚——
　嗚——
　　嗚——
這是男鬼的聲音
我想著媽媽　卻怎麼也睡不著

二〇〇八春稿，冬修訂

春夜

微風與夜漫舞
天籟之音輕歌
讓人的心
滿足奏鳴
管他長夜有多黑

感謝造物者設計了春夜
愛戀的時刻
如夢如幻
讓有情人把一方小小天地編織成
理想國

這一夜，屬於我們的
在春之情動中沐浴
在夜之柔色裡交融
擁妳入夢
春夜才得以真善美詮釋

追尋解放的風箏

水往低處流，我往高處爬
飛的愈高看的愈遠
嚮往更多的自由、更高的高度
再多，再多，最好解放
掙脫了束縛
想飛那裡就飛那裡
連天老爺也不能制約我

忽地，真的掙脫了綁捆
解放的感覺真好
怎的，瞬間開始墮落、沈淪
失去自由與方向
更慘的
無可避免的空難即將發生……

生命歷程

新芽抽出開始有夢
向天空爭取一塊寶藍國土
蒼翠澄澈都是美麗江山
經歷熬煉昇華
享受過成長、發展和繁榮的喜悅
攀上生命的高峰

當我漸漸枯瘦憔悴
成一個軟弱無力之黃耇
飄落　倒下
為大地之綠肥
正是自我實現的完成

一條線

一條線
天空和大海對立，又禍延
飛鳥和游魚，怒目相視
好可怕的一條線，在那裡？
定要找出來，消滅掉

一條線
兄弟姊妹反目成仇，禍延、禍延……
夫妻離異，父子成路人
族群撕裂，同胞要對決
這裡的人類怎成了類人

這條線在那裡？多寬多長？
小如濁水溪，或更小，看不見
可延伸過太平洋、大西洋或更遠
深埋心田，再繁殖、發芽
一條仇恨的線要怎樣消滅掉？

啊！天空和大海為何對立？
還有溪流和土地為何對衡？
用一條線劃開左邊和右邊
然後，對決、再對決
啊！這世界是誰要消滅誰？

二〇〇六年十月，台北

惡水上的大橋

明明才搭好的橋
兩岸人車　在
藍天白雲下
川流不息

怎麼一夜間又塌了
天空大地黑漆漆，陰黝黝
只見叫罵聲在惡水上浮浮沈沈
而惡水上的大橋
早已被敵人和內間炸毀

不斷進行著建橋、搭橋與斷橋的惡性輪迴

是這裡眾生的宿命
When you weary……

二〇〇九、十、三、中秋節
三月詩會習作　陳福成

小記：惡水上的大橋（Bridge over trouble water），是一首老英文歌，第一句：When You Weary……。
此處隱述兩岸交流的困難、問題……

鳥兒的願望

溪頭的鳥兒最可愛
每一隻都比林志玲可愛
任意捕捉幾段鳥聲
就能譜成情歌

溪頭的鳥聲最清亮
啾啾　我被她們叫成一隻鳥
我們共舞、唱歌、飛翔
聽她們祈禱

願大地不再憤怒
願溪流草木永保清新
願青山不再亂走
願大家永遠有棲息地可以做夢

二〇一〇年四月廿一、廿二日，台大退休人員溪頭行，林間鳥聲如天籟般悅耳，是有感。七月三日，三月詩會習作　陳福成

窗前的海棠

以婉約深紅的熱情
悄然佇立空寂的西窗
凝盼這世界有誰解我
風情

一片雲過來履行曾經的盟約
一隻蝶兒回來尋找她自己的幽魂
在雲霧嫋嫋　秋波如霞間　送
相思

潮起潮落也頭昏
朝陽追趕落日亦累苦
西窗深紅的熱情依舊

到底要多少修行才放得下那沉重的
盼望

二〇〇九年八月廿七日，世界論壇報

小註：海棠又叫「相思草」。

露珠

何種因緣形塑妳的純淨圓融
讓妳瑩潔剔透　明麗照人
在湖畔荷葉上輕移舞步
回眸顧盼　等待伊人
一夜溫情依偎
且有玉兔為伴互訴心事
這夜便是永恆

白色的陽光如引路的幡
最後的身影也揮發
重回蒼穹
在一個幽明的角落再盼良緣

世界論壇報，二〇〇九年八月廿七日

母親的針線

母親慢工出細活
她以億萬年時間
用一根長長的線
把中國大北方
一針針縫起來
又用另一根長長的線
把大南方也縫起來

妳還用一根中國心
把四海之內的中國人全部
緊緊的縫在一起
不使一個掉落在外

母親，妳的針線盒裡還有許多線
由北向南，由西向東
永恆不停的縫、縫、縫
流、流、流

上海「海上詩刊」，第四期（總第三十三期）
二〇一一年八月廿五日

輯四：長詩卷

長江黃河大氣魄，經營長詩找罪受；
讀者評者大災難，若能寫好算補過。

相約二十二世紀──致鳳姐

走在這條燦爛的路上
她突然無預警的被告知
這裡就是盡頭了
她默默承擔、靜靜的接受
悄悄的走了
不把感傷帶給任何人

就要通過炙熱的「蟲洞」之際
她憶起這不長也不短的人生
整整六十年
活的快樂
過的精彩

算是完成了人生的春秋大業

如今要再度啟程
穿梭進入另一個世界
不帶行李，也沒有行頭
為轉世的輕便
火葬場的高溫有助於粹煉
使靈魂昇華

把那層層空殼脫掉
放下了一切
連心愛的一頂頂帽子也放下
只帶走一個心願
來不及唱的歌、未辦的演唱會
都在來世獻給你
雖然一切以簡約為原則

還是要打扮的美美的
這是身為成功藝人的責任和體貼
如同做一個節目那樣用心細心
美容師用一種特別的化粧品
掩飾住病容的荒涼

孩子別哭了
讓媽媽完成人生最後的修煉
我靜靜的來，悄悄的去
只為不破壞了親友和粉絲的過年歡樂氣氛
但媽媽不論如何轉世！在那個世界！
精神必與你同在

那火燒的越來越熱了
沒關係
燒的只是那具已經告別的軀殼！
那具軀殼和我搭檔了一輩子

真的是最佳拍檔
現在也要放下

火勢已然快要燒盡
當一切都成了灰花
便是鳳姊的昇華
是鳳姊的轉世成功
妳將開始準備另一場盛大的演唱會
就在二十二世紀一開始
我會預訂門票，到場聆聽天后的歌聲

後記：天后歌手鳳飛飛鳳姊兒悄悄的走了，而且已辦完後事，一個多月前（新聞報導是元月三日）走了，天下無人知，消息傳出震天下，我也很感傷。因為她可以說和我一起長大的，我從年青就愛聽她的歌，尤其她的為人風格（體貼、謙卑、爽朗、親切等），是台灣女藝人中我最欣賞的一位。假如要找一位女性人物代表台灣的普羅大眾，鳳姊是不二人選，但她怎能突然就走了？才六十歲！（寫於二〇一二年二月十五日）

這首詩曾發表在「世界論壇報」、「葡萄園」詩刊（一九四期）等多個刊物，也曾在台大退聯會音樂節目上朗誦，感動許多人，鳳姐的歌是我這個時代的人最美麗的記憶，最能凝聚民心的圖騰。但她為何這麼早就走了，而李登輝還不走？？？（十月再補）

懷念鳳飛飛

她之所以給我感動，是在某些人生「淂救」的領域和我有些相似。鳳飛飛的臨終曾說：「我這一生，過的快樂，活淂精彩，感謝陪著我一起走過這段精采歲月的彩虹姐妹兄弟們……。」這部份我自然不及她。但她說：「歌迷救贖了她」，我可以說是「寫作」救贖了我。鳳姊在老公走後，兒子遠在英國，浪孤獨的，歌迷給他另一個家，一個精采的世界。

而我，軍旅生涯（軍校七年和野戰部隊十九年），這段日子是我的苦難，孤獨的走著！直到來了台灣大學，開始積極寫作，從民國八十三年到台大，到今（二〇一二年），出版的書快七十本了，若含十本高中大學的「國防通識」

及前些年的軍訓課程，也要七十好幾本書。六十歲月有了七十本書，算是對自己的人生有些交待，年青的志願要當大將軍，結果自己把將軍之路「拆了」。能有七十本書，至少可以取代大將軍，甚至我覺得價值超過當大將軍，現在這些書交給文史哲的彭正雄先生，出版「陳福成全集」，後來他說用「文存彙編」好。

啊！寫作救贖了我，如同鳳飛飛歌迷救贖了她。我若沒有寫作、創作，我這一生一無所有，空來走一趟！頂多只是混吃等死的老榮民；而鳳飛飛若沒有在歌藝展現她的才華，頂多是一個女工，嫁個男人生一些孩子吧！

保留下列剪報上資料，以示對鳳姐的懷念，全台灣、全中國、全世界，沒有那位女藝人的離去，我為她寫詩頌揚，只有鳳飛飛，因為她已超越女工，成為一個可敬的大師！（二〇一二年二月十七日）

鳳飛飛二〇〇三年演唱會時擺出招牌動作。圖／屠惠剛

追隨先夫 化蝶共舞

【本報台北訊】鳳飛飛化為蝶，如她近年唯一的新歌〈想要跟你飛〉一般，追隨兩年半前過世的老公而去，在另一個世界，接續結髮二十八年的愛情。

鳳飛飛在一九八〇年、二十七歲時于歸旅遊業商人趙宏琦，當時她已是當紅天后，為愛遠嫁香港，九年後生下獨子。在香港，她幾乎不涉足娛樂圈，過著簡單的生活。她曾說，她是一個主婦、一位太太、一位媽媽，沒有張揚的明星婚姻，只有平凡的家庭生活。

趙宏琦原本不支持她繼續舞台生活，但看到她演出時的快樂，轉而支持她復出，幾乎都會陪她來台演出。鳳飛飛害羞地透露老公最愛聽她唱〈掌聲響起〉。如果趙宏琦沒跟來，兩人也會每天熱線，簡單一句「還好嗎？順利嗎？」是老夫老妻式的甜蜜。

二〇〇九年六月十三日，趙宏琦因肺腺癌病逝。牽手走了，獨子又遠在英國讀書，鳳飛飛將原定的演唱會延後兩個月，後來形容那段日子：「眼淚拌著飯吃下去，是這輩子最大最痛苦的磨難。每天哭，走路也哭、買菜也哭、練唱也哭、吃飯也哭，很辛苦，好累。」

鳳飛飛後來為房地產代言，唱了一曲〈想要跟你飛〉，MV呈現她一個人的生活，十分賺人熱淚，讓鳳迷不捨。鳳飛飛說，是歌迷救贖了她，歌迷將舞台變成她另一個家，讓她不再困守香港空盪盪的家。

喪夫半年後首次開唱，鳳飛飛依舊在唱到〈掌聲響起〉時紅了眼眶；她說，以前老公是她最忠實的觀眾，他不在了，她還是要唱給歌迷聽。相隔不到三年，鳳飛飛也與世長辭，與先生在另一個世界再續前緣。

找尋一座山

全世界去那裏找到這樣的一座山？
不像黑色奇萊那般峻險，沒有富士山高
但比富士山挺拔多了，算是亭亭玉立
論斜度，沒有玉山攻頂那麼陡峭

這座山，四季都有流泉漭溢
林木湃湃，礦產豐富
地質上她屬新生代造山運動形成
你靜聽山的均匀呼吸，聽夜鶯歌唱

打開叢林密菁，進入更深邃處探勘
將可採得絕世寶藏

感悟大地那股彈性收縮與吸納的力量
最特別是天地交融後的精華，清鮮神秘的瓊漿
幻化成晨間
露水
峰巒間縷縷飄逸的晚霞彩雲
還有源源不斷的水資源

是故，這座山是全世界的唯一
萬山中的極品，會思考的山，會撒嬌撒癡的山
爬這座山的人要有相對的功力，品味和水準

帶著新生代的青春旺盛活動力
有著魔鬼身段和質地
全世界去那裏找到這樣的一座山？
我找到了這座山，而且擁有她一整座山

民國八十九年作

三巡中正紀念堂

一巡 告慰 蔣公

見您高坐在上 拈花微笑
看那繁華繽紛的城市
子民們依然過著國民所得一萬三的豐彩
魑魅魍魎用盡篡竊、偷盜、作弊……
仍未能扳倒
中華民國

二巡 安慰 蔣公

您鞠躬盡瘁，死而後已
今大業未成，統一尚在努力
不急，我且溫一壺好茶給
老校長潤喉，容我報來

孔明五次北伐　鄭成功歸復中原
不多成了風中的一聲嘆息
但那堅持的信念卻是歷史長夜中的明燈
那盞春秋大義的明燈能自動導引
國家統一
看啊！中國正在崛起　統一在望

三巡　敬畏　蔣公

篡國竊位的敗家子乘著黑夜
篡改歷史
又對您老人家不敬
陳水扁、杜正勝、陳菊、路寒袖一干亂臣賊子
企圖破壞我炎黃華夏祖靈
不許，您以春秋大義之名顯靈
嚴懲亂臣賊子，個個如那陳胖女賊
半身不遂

大家都知道
您和老毛在上面已經言和
我們在下面握手交流
共為中國的崛起和統一大業而努力

後記：二〇〇七年春夏之際，亂臣賊子們進行著一波波「去中國化」、「去蔣化」，要改中正紀念堂，要移走蔣公銅像等，不外乎是篡竊者兼敗家子的違法敗德，娼婊婢奴的變態行爲。最貪婪「經典」的，是「僞高雄市長」和「僞文化局長、無恥的詩人」，對蔣公不敬，不久陳便因病住院，半身不遂，我黃埔同學多次在中正紀念堂四周遊行，是蔣公顯靈，嚴懲那些亂臣賊子篡竊者，歷史與天理絕不會放過他們，不信再看幾年！

世界詩壇，第一一八期，二〇〇七年九月廿七日

錢

這一條繩子
讓人又愛　又怕　又奇妙
最大的功用是捆人
一旦被捆
一輩子都很難脫逃
不是被繩索勒死或跳海跳樓
便是活得像狂犬一條

錢的用途很多
可做成魚線掛鈎去海邊垂釣
釣大魚　走狗　使鬼推磨
首富既釣美人魚　又釣烏紗帽

這條繩子　千變萬化
搖身一變　成了迷魂藥
讓人失去理智　良心
殺人　放火　強姦　欺騙　篡竊或搞臺獨
都為吃錢　洗錢　污錢或掠奪些財寶

我思考了半個世紀
總想把錢的事情搞好
後來終於頓悟
別把繩子帶回家嘛　身上能少盡量少
把繩子丟給人家
這樣　自己就不會被繩子拴牢
新發現
不論白天或晚上　都有星星對我笑

這是五十幾歲開始有的領悟，山西，「鳳梅人」報，
總第三十八期，二〇〇七年、十一、八

坍塌中的古堡

自從走進這座傳說中的麗園古堡
三年
絕大多數人都得了多重性精神分裂症
愛情、婚姻、責任、義務和自由
日夜鬪壂新戰場
論戰　無休

愛情
一臉蒼白，面無血色
被壓縮得快要窒息
思想中風　幾成植物人
愛情終於受不了

窮索著私奔計畫
公然出走也行

婚姻
一臉鐵青，也看不出有血液流通
字挾風霜　句帶凜冽
發出嚴正聲明
婚姻是一種責任和義務
何況，除紅潮來襲或氣候不佳
周公禮儀按時舉行
一切得照程序走
絕不能脫軌

愛情在靜謐中進行復元工程
就在一個夜晚
有涼風助興，自由的呼喚壯膽

啟動了出走機制
月亮笑得嘴角上揚
群星爭相鼓掌叫好
愛情回眸一笑
揚長而去

叢林中許多追逐浪漫自由者
紛紛在星月下拂曉前
甚有光天化日
一走了之

一座古老的城堡正加速坍塌中

二〇〇九年春
葡萄園詩刊，一六八期，二〇〇九年夏季號

蟑螂的進化

島上的蟑螂進化的真快
八年能抵千萬載
一隻一隻又肥又大
像一群豬了
用人民血肉進補
會進化成一群群
暴龍

恐怖喔！恐怖
那一群叫「類人」的物種
有綠色的毛、血紅色的眼
弄壞了進化機制

使暴龍又有貔貅的胃口
全島食物竟被搶食一空
還把剩下的一點藏於海外

進化機制失控
蟑螂大如鼠　進化成豬，惡如狼
惟恐龍獨尊　種類也多
有暴龍娶妻
是一隻楚楚可憐行動不便的
迅猛龍
別小看她瘦弱不便
她那貪婪的胃口大過進化史上一切物種
暴龍掌控叢林那幾年
她們倆狼狽瞞天
叢林中凡想要獲一席生存空間的生物
若有不從者，她說

我叫推土機過來壓下去……。（註）

接著
他們企圖繁殖更多聰明的台灣種暴龍
以利掌控全部資源
果然，他們使盡
五鬼搬運、移山倒海　明搶暗偷
把吃剩下的全部偷偷潛藏在地球各角落
盤算從此以後子孫可以永享榮華富貴

但是，才八年
轟——、轟——、是大爆炸發生了
檢調機制又紛紛啟動
恐龍、豬狼和進化中的蟑螂
到處逃竄、哀鳴，連已完成進化的暴龍難逃一七。

另一種稱「馬」的生物開創新紀元
聲稱不得以人為手段操弄進化機制
應在自然狀態中慢慢的自然進化
從「類人」到「人類」
最少要六百萬年

那公堂之上一群群吃相難看的蟑螂
有的已進化成豬、成恐龍
有的正在進化成比恐龍更可怕的物種
才又一隻隻回復原形
終於又住回了下水道

（二〇〇八年十月稿於台北）

註：關在天牢中受苦受難的陳水扁，當他在位八年的大頭目時，他的黑心肝「第一夫人」吳淑珍曾對不送錢來的人說：「錢不送來，我叫推土機過來壓下去」，推土機指的是她控制的國安情治人員，可見這女人多貪婪！

夢中情人

在真實世界築一座
海市蜃樓
以巨浪為山盟
海枯石爛為永恆的約定

黃昏時
相約看畫展，瞧
夕陽妝扮得美美的
彩雲走秀
小鳥與微風訴不完的情話
然後我們相約吃一客
色香味的浪漫情人餐

夜靜靜的灑下迷魂霧網
抱一個美夢入夢
夢乖乖的，就乖乖的在
輕柔愛撫中進入夢鄉

拂曉蠢動
晨曦的第一道曙光喚醒夢中人
陽光急著要蒸發露水
我卻仍牽掛著
雨下在橫山上，而山已出走
私奔
明明是我身邊的女人
女人在我身邊
為甚麼總在天際凝神微笑？

二〇〇八冬
葡萄園詩刊，一八一期，二〇〇九年二月十五日

看蔡信昌先生畫展

看畫，看一幅畫
都長出了翅膀　會飛
變成　超光飛行器
在紫虛各界奔馳翱翔

有時速度慢
到一個星球
在雲端飛過萬重山浪
發現
全球氣候大鉅變　據聞
第六次大滅絕已啟動
翅膀又長出翅膀

飛到一個孤獨清冷的世界
只有畫家和詩人
詩人在夢中寫詩
畫家也在夢裡作畫

有一幅畫　萬丈光芒
是宇宙初生的大爆炸
另一幅畫夕陽滿臉通紅
如畫家燃燒了夢境
尤其那幅畫　凝視
渾身冒火　瞬間
世界燒了起來
不知是畫燒了這世界
還是世界燒了這幅畫
我看呀看　想呀想

在畫中打盹
又一幅畫
引人到另一個世界
看畫的人都問：
這星球有火嗎？

二〇一〇、八、七、三月詩會習作

小記：二〇一〇年五月十五日到廿七日，本會蔡信昌先生在吉林藝廊開畫展。五月廿日中午，我、雪飛、金筑、謝輝煌、王幻和關雲共六位有「美國時間」的人，相約一起來觀賞，有感誌之。

我來寫春秋

公元二〇〇四年三月十九日在中國大歷史舞台上
又上演一小齣篡竊大位的老戲劇
情節安排的太粗濫，還是騙走許多人的眼睛
只是一場島嶼上的騙局，竟割了眾生的喉
眾生退化、異化，成為一座妖魔叢林
被割斷的忠信、道德、仁義，噴血染紅天空

眾生人人自危，最不願看到騙子強盜
用搶用竊，掠奪國柄
紛紛湧到凱達格蘭大道、中正紀念堂

要把竊國、篡位者趕下台
奈何權力在握，抓住了殺人機器
縱使五十萬人、六百萬人
也如群牛
對一座山吼叫
——永無回應
我們只好再到雨花臺，再立一坐「篡字碑」。
「綠賊篡國」

我，回到書房寫「春秋」
用我「董狐之筆」春秋記實
揭開不法政權的作票、作弊真相
記錄非法政權的作假、作亂實況
告訴天下人
綠營是一個邪惡政權、非法政權
綠營啟動了人性中的「黑暗機制」

美麗的寶島為何沈淪？
海水倒灌、山洪爆發、移山倒海、土地下沈
眾生在水深火熱中浮浮沈沈
大火焚天，大水淹沒山城
大難連連，人禍啟動天災
這是天譴
人民有甚麼方法可以結束天譴？
有，啟動第三次革命，推翻竊國者
關閉綠營的「黑暗機制」
人間才有機會重回藍天白雲

亂臣、賊子、竊國者怕甚麼？
怕你告他嗎？不，因為叢林綠化變質了
怕你推翻嗎？不，他可以用槍維持叢林
怕你抗議嗎？不，牛群再多，也不能把山吼倒

又怕砰砰嗎？不，用億兆人民的血汗錢
打造銅牆鐵壁的皇宮，獨立在裡面，爽就好！
而眾生，去跳樓、跳海、餓死、淹死……。
躲在皇宮內的蛇頭和妖魔們對外放話：
「沒飯吃，為甚麼不吃牛肉？」

亂臣、賊子、竊國者怕甚麼？
小偷強盜怕甚麼？
他們到處殺人放火，天不怕，地不怕
但，孔子寫春秋，為甚麼亂臣賊子懼？
為甚麼？
我從中正紀念堂回來寫「春秋」
誰都騙不了春秋。
誰能改變春秋時序？
當春秋不在，我仍堅持寫春秋

記註：

一座原本綠油油，漾漾然的美麗之島，一座原本生氣蓬勃的叢林，爲甚麼天災、天譴不斷——就在這綠色恐怖的四年？？？這是「天之災」嗎？絕非，是綠色恐怖啓動了人心中的「黑色機制」。因此，天要嚴懲這些腐化、惡化的人心。

叢林正在妖魔化，即將失控、崩解、塌陷，眾生何處逃竄？跳樓、跳海……或啓動「第三次革命」。本詩是台灣地區綠色恐怖執政的觀察、記錄和批判，未來中國史不會忘記民進黨精心設計的「319 槍擊竊案」。

登山導論

現在我們流行登山
大山、小山，都不動如山
沒有一座山是簡單的
山其實是一個後現代新女性主義的女人、
硬度、軟度、斜度、鹹度和高度
氣溫、明暗、芳香、濃淡和鬆緊
充滿著變數
縱使窺知山的究竟
還有步步危機

危險，藏在每一
人、獸、禽、蟲、樹、枝、草、泥、石、花……

你失衡、跌落、倒下
就拿你來祭山，因此，每一步你在
觀察——判斷——決心——執行的循環中
不一定有檢討的機會
登山，是最佳戰略與政策教育的道場

登山是辛苦的
為甚麼許多人都想爬山？
難不成山上有寶物
聽說有權力、金錢和女人，別掰了
其實山上經常很冷，又孤獨
最多的山中傳奇是當朝怪談
人外有人，山外有山
上得了山，未必能下山①
上山容易下山難啊！
山啊！妳是我心中的不動明王

我總以頂禮膜拜的心情
登——脆——，心中且牢記
領隊的叮嚀：
吃魚的人梗到是因你對魚不夠尊重
吃飯的人噎到是因你看不起農夫
爬山的人跌跤是因你輕視了這座山

登山是天下至難修煉的功夫
初則練力，續則練精、氣、神
練過三尖、五嶽、十峻就漸入佳境
練過百嶽，很有機會打通任督二脈
持之以恆，定達嶽峙淵渟，切記
山不在高，有仙則靈
登山不在多少，獨到力行體察最重要
天下至少有一半以上的人
半生都在鍛鍊上山和下山的功力

有人半途就下山
有行百里九十
有人上山風光，下山難看
有人上山了，卻死在下山的途中
最可惜是，有人纔到登山口就
無力上山

絕大多數的人都想上山
登山的目的是甚麼？
健康和樂趣當然重要
但，上山的動機，下山的目的也重要
世間多少苦難、黑暗、腐敗、墮落
蒼生的呼喚
你豈忍心在山上多待半日？
人人那是不下山
就人人都要找一座山躲起來

世間事多麼荒謬又吊詭
你看，世界最高的山不是喜馬拉雅山
國際大叢林中有一座座更高的山
那一頭頭巨靈是一隻隻吃人的山
山頭林立，諸山長老
個個都是神聖不可侵犯的聖山
族群大海深處潛藏著一座座活火山
再看！機關、團體、家庭，和每人心中
到處崇山峻嶺，崎嶇不平，蠢蠢欲動
拿到權力者，惡化、腐化
有巋然獨存者，頹也！萎也！
能是清流者，也從嶰壑間流走了
那山，大多是你自己立起來的
山啊！倒下吧！

人生也是荒謬又吊詭
你不知不覺間就游過長河
游到山腳下
你不得不仰攻這座橫在眼前的大山
上山後也不得不下山
勞勞碌碌，營營攘攘
年年歲歲，歲歲年年
終於，你
出山囉！
你這趟以後，纔是真正的下山了
從今以後，你不必再辛苦上山
但是，登山的旅人啊！
「高登不是逆旅，你不是過客」
你修得人生圓滿不惑之山
成為別人心中
永恆的一座山

我怎麼也像一座嚕嗦的山
至少現在，山啊！
你是我的情婦
我在家裏老是待不住
老是想著妳
軟度、濕度……
舒爽的芳香……

①概念界定「下山」有二義：一指爬山後的下山；另指學習有成後爲人群服務，臺語發音「下山」就是此義。「出山」（臺語發音）是結束人生之旅，最後送往葬地的最後一程。國語發音「出山」，則有爲國家、社會效勞或「重出江湖」之意。

民國九十年作

待月向陽山

千里迢迢，負重沈沈，沿著險峻的向陽山道萬里攀爬，我受邀待月
瓊樓玉宇，與仙子
對酌品酒，最是想念
妳，溫一壺拿手的「東方美人」

夜，是讓我等待的吧！
妳輕步蓮移，半遮面、戶半開、色朣朧
莫非是那個不懂情調「阿母斯撞」
一頭撞進來後
妳就更加矜持了？
今夜，月白風清，如此良宵
妳沈魚落雁的風情正是我們曾經有過的愛戀

溫柔狂熱的腰身
那一團火，是妳的香唇
我這麼說，那觀月的眾生大概不懂
喫的、賞的、看的，少不了是實證主義

纔一盞茶三巡酒之工夫，妳就有些微醉
妳蔽月羞花，如此完美
玲瓏的漾態，所有觀月的人那能不跟著醉
我醉了，憶起妳曾經的艷
我醉了，想起妳醉渦的笑
終究妳是我生生世世不能忘懷的寶

下半夜，向陽山的風獵獵
妳依然熠熠，又那樣輕盈美麗
向陽山的花，草和整座風林都向著妳飄飄
佇立的磐營與月宮望衡對宇，相對無言

我賴了，我不想下凡
我愛了，我不想重回人間
我怕，妳在廣寒宮中，寂寞

有一朵雲飄來，露珠沾上妳潔白的裙緣
妳氣色朦朧，似有一滴清淚正掛在腮邊
夜深了，累嗎？
莫非月事，或怪我老早不來
唉！這件事，緣吧！一命二運……
不知那盤古老先生開天闢地時弄了幾個月亮

妳，老情人的微笑，也解不了我濃濃的離愁
為何妳不思凡？為何我一定要下山？
當我重回那苦難的人世間
妳的豐盈和笑意依然高掛
我卻祇能淒然望月，問一聲：

「何年何月再相逢？」

後記：民國九十一年五月三日到五日，這三天我竟不在人間，我竟到了仙境——向陽山、三叉山與嘉明湖。營地駐紮在向陽山，有兩個晚上我都在向陽山待月、賞月、觀月，像與老情人幽會。此情此景，人間豈有？可惜太太未能同行，她在忙些凡間俗務，也好，她來了，「兩個女人」碰在一起，「代誌大條」啦！同行的是臺大登山隊。晚上很冷，睡不著就起來賞月，又愛，又喜歡「品頭論足」。「東方美人」就是普耳茶，相傳一百多年前，英國女王伊莉沙白首次飲到這種中國茶，芳香口感讓她贊不絕口，乃賜名「東方美人茶」。

五十春秋玉山盟

一、故事

一則西方來的故事
亞歷山大船長所見的Morrison Mountain
原是西王母所居
渾然多玉也

在晨風中，古人讀你，峰頂奇幻的Pattonkas
雪山早已無雪
東洋人還得尊你新高山
世間令譽擾人清夢
你有四大天王護駕
我歷五十春秋跋涉

始見尊者

二、排雲山莊

坐觀這裏的山和雲對話
經年，成了不眠的行者
寂寞嗎？
也從來不到江湖上走走，還能坐鎮江湖
各大門派的人仍常來問道參訪
朝謁蒼穹

三、攻　頂

守者磐桓不動，攻者威武不屈
你遠交近攻都不宜
嶅碞層層，巖崖下藏著要命的玄機
強風呼呼追殺過來，那亂石砢砢
雙方礧石相擊，準備決戰

我的六韜三略，用兵如神
沒有拿不下的山頭
祇擔心你嫁禍給登山的旅人

四、登主峰

幽暗晨嵐
守著準備自群峰跳躍而出的旭日
隱藏名山的故事
如雲、如光，都要真相大白了
你有萬民膜拜
原來你天生就要君臨天下

五、坐觀日出

晨四點，我就急著要卸下滿天星斗
緩慢的等妳蓮步輕移
我屏住了氣，靜靜的

左腳踩南投
右腳踩高雄
一屁股坐在嘉義
蹺起二郎腿，看妳
猶抱琵琶半遮面

六、日 出

驟然，一躍而出的是一顆
東方明珠，驚見仙子
婉約溫柔的身段
在朦朧的晨霧中
用妳的銘言「心清如玉，義重如山」
妳的光照，浣淨我們張張未洗的臉龐
滌洗長年積陳未除的心垢
大家都成乾乾淨淨的人

七、禮　讚

不論是到東埔品風的秀才
祇在近處林間聽蟬的老杇
花間捕蝶的玩童
你從不回絕，也不拘小節
都與眾生拈花微笑
心有靈兮傳音
山海經
眾神靜聽無語
獨我一見衷情

八、二度蜜月

半生尋覓的情人，二度蜜月
一年不見如隔三秋
我祇想抱抱

祇想妳婉約如山晨溫柔的情趣
親吻妳絕頂上漂渺芳香的雲彩
撫摸妳半山腰翠綠起伏的波濤
探索妳深谷下淵淵湫溢的奧妙
聽這裏的風訴離情
讓這裏的晨霧依偎
再看妳百變、妖嬈、含笑
我縱容妳不須煮飯
不須為我鋪床
這些我都自備打點
妳祇須永佇青春
讓我瞧

九、五十反思

半生戎馬，過了一山又一山
傳說依然如妳谷間的雲彩

故事不一定有結局
遙想這些年風雲依究
我從嶇崎迂迴的山路退出江湖
國未大穰，想必玉山無「狡」
西王母在蟠桃園中賞花品果
忘了「天之厲及五殘」
昴宿何時明？

後記：民國九十年五月，我五十歲，一群也是五十上下的朋友（大多夫妻檔）相約登玉山爲誌，這是一個盛事。次年六月，又有朋友邀約上玉山，我又爬玉山，且近年內爬了玉山國家公園內多座高山（如三叉、向陽、嘉明湖等）。鄒族稱玉山「**Pattonkan**」，史籍上最早有「玉山」之名，是清康熙十六年（一六七七），郁永河著「蕃境補遺」一書云：「玉山萬山之中，其山獨高」。

《雲林採訪》一書云：「八通關山又名玉山」，《彰化志》則稱「雪山」。日本統治時因比富士山高，故稱「新高山」。西方人對玉山的稱呼，起於駐臺南英國領 **Robert Swinhoe**，以美國 **Alexander** 號商船船長

W。marison，首次航行臺灣遙見玉山獨峻，載於航海日誌中，外人並以「Morrison Mountain」稱玉山。可見歷史上玉山之名有諸多「不確定性」，今日以上各山當然各有定位了。《山海經・西山經》記載，玉山爲西王母居所兼管轄地，其上多玉也。且玉山有獸，其名曰「狡」，示現則天下太平，豐衣足食；若有鳥，名叫「勝遇」，就有大水災。西王母職司「天之厲及五殘」，所謂「厲」及「五殘」都是星宿名，西方「昴」宿（爲二十八星宿之一，白虎七星之第四宿）有大陵積尸之氣，散佚則厲鬼出行，西王母正好負責管理。而五殘星（又叫五鋒星）是凶星，出現則五方毀敗，大臣誅亡，西王母主刑殺，正好由她主管，避免凶星常出來作亂。《山海經》一書是中國古代地理人文神話，神話是文化根「源」。

《山海經》上的玉山當然不一定是臺灣的玉山。今玉山位於三縣（南投、高雄、嘉義）交界處，標高三千九百五十二公尺，爲群山之首，東亞北第一高峰，並有四大天王守護著（東峰三千八百六十九公尺、北峰三千八百三十八公尺、南峰三千七百一十一公尺、西峰三千五百二十八公尺）。

雪山盟——隨臺大登山會登雪山紀行

一、D日：緣續緣①

我們自向陽山歸來後，開始磨刀霍霍
日日呼喚雪山過來，山不來
終於我們組成一支重裝山地作戰步兵師
向雪山挺進，準備發起攻勢作戰
師長三令五申要求大家嚴守戰爭法及叢林法則
必竟，公平、正義、環保與安全是最高的自然法

二、D＋1日：攻佔東峰，駐紮三六九山莊②

隊伍沿著東方古棧道前行，過思源埡口
在武陵農場進行戰力整補
依最新情報顯示的敵、我、天、地、水

重新修訂山地作戰計畫
沿途不斷有遭遇戰
烏鴉「啊！啊！啊！」為我軍助陣加油
南燭、雲杉、山羊耳、二葉鬆等均有積極作為
臺灣赤楊是利他主義者
玉山箭竹是種族主義者③
品田山的摺紙遊戲還在進行
正午時分，攻佔東峰，並與武陵四秀形成對峙局面④
為有利於主戰場之戰略考量
指揮官命令：下午先在三六九山莊紮營

三、D＋2日：佔領雪山主峰，向翠池追擊

五點發起弗曉攻擊，主力指向雪山主峰
六點通過臺灣冷杉佈下的「黑森林」迷陣
情報消息指出陣中有「黑武士」出沒⑤
他原是天生帶有「V」型圖騰的雪山戰將

現在不Ｖ了，是我們Ａ了他
我軍快速奪取黑森林，續向主目標前進
不久，在主目標前緣碰到「冰斗圈谷」地障
大夥兒奮勇前進，通過攻擊發起線
八點攻佔雪山主峰，立即向統帥部報告：
任務圓滿達成，向北可以瞰制大霸尖山及武陵四秀
控領臺灣東西部交通孔道
在雪山主峰可以監聽到亞太地區海空情報活動
確保國家安全

稍事整補後，指揮官命令：
少數兵力留守雪山主峰，主力向翠池追擊
我軍一出發就碰到天然大地障
有石瀑、石坡、石牆；碎石、巨石、确石
亂石砢砢，結石疊疊
一堆堆磊磊天上來，一排排礧礧墜向地獄

千辛萬苦通過大自然設下的砦碉
就碰到眾多玉山圓柏
在這裏打太極拳、跳街舞，或練功打坐的古佛
傳說都有千年修行的功力
他們共同的意志
是向大自然爭取一點點低矮的生存空間
表現其人生的力與美，發揮生命的價值

通過圓柏的千年平臺，就到翠池
敵人早已逃竄一空，祇有她不走，守著青山
原來翠池是一個世外村姑
秋波清麗，眉宇多情
還有土地公陪著，顯得有些寂寞
我軍在此舉行隆重祭典
會長張靜二主祭，領隊顏瑞和陪祭，眾將士與祭

以所帶軍糧獻祭土地公，其祭文曰：
國泰民安，風調雨順，將士平安
公平、正義、環保得以申張
再創勝利高峰

四、D＋3日：凱歌與傳承

戰事底定，凱旋歸來
在棲蘭吃西瓜，痛飲黃龍酒
走在椰林大道上，椰影搖曳生姿
如身處黑森林，若夢
「萬呎的高牆　築成別世的露臺
落葉以體溫　苔化了入土的榱樑
喬木停停　間植的莊稼白如秋雲」⑥
此後，好山好水住進我心中
當我年華老去，雪山月色依然青春如酒，貌美如花
黑武士與人們共享群峰翠綠

①民國九十一年五月〈三叉向、向陽、嘉明湖紀行〉（見《臺大山訊》，民國九十一年六月二十日出版）後，大家相約七月雪山行。此次雪山行還是由顏瑞和教授領軍，陳義夫等任嚮導，會長張靜二教授例外的親自督陣，時程從七月十八到二十一日。

②雪山東峰標高三千二百零一公尺，「三六九山莊」在東峰以西半小時腳程，登主峰大都在此紮營。

③臺灣赤楊會分泌一種物質，以利四週各種植物生長，因此，其四週有各類茂盛樹種。玉山箭竹分泌一種物質，制壓其他植物生長，因此，我們所見箭竹林都是很大一片，其他樹種難以生長。

④武陵四秀：桃山（三千三百二十五公尺）、池有山（三千三百零三公尺）、品田山（三千五百二十四公尺）、穆特勒佈山（三千六百二十公尺）。

⑤「黑武士」指臺灣黑熊，胸前有**V**字型白毛。

⑥前輩時詩人鄭愁予詩句，他在一九六二年也登過雪山。見《鄭愁予詩選集》，臺北，志文出版社，民國八十九年十一月版，第二百二十五頁。

茶山論道

小時候，用紙扇幫阿公煽著煮茶的爐火
煙波浩渺，四十五年了
竟未過眼雲煙
猶記得阿公說的一句話：
好山好水纔能泡好茶，要喝就喝好茶

前塵是那爐火，第一泡剛過
第二泡纔沖下就過了半生，半生衹悟得一件事
茶山論道，五十纔不惑
尋尋覓覓，午夜夢迴，衹為
一品人間極品香茗
某夜，我攻陷兩座可愛的茶山

在松林泉溪間偶遇一老者，邀我入舍品茗
其室，如戇芝蘭，清沁心脾
先啜一口，其茗味淡，香藹馥馥撩人
又嘗一口，氤氳裊裊，香霧隱隱繞簾

老者道，第一泡味如少女的羞澀做作
當然，過於幼嫩純潔，帶著幾分嬌憨
老者再沖第二泡，傾瀉入杯，有澗邊瀑布聲
頃刻，已潭深千尺
屏氣凝神，是一個幽雅馨香的閨中處女
其色，清淡微黃，觀之心情舒爽
其味，沈浸口中，如咀含苞待放，似空谷幽蘭
杯內有一葉扁舟飄浮
疏張成一隻流波上慵懶的美人魚
色澤光鮮亮嫩，美人姿態，無可名狀
懾人魂夢，顛倒情思

我忍不住，捏一片帶水的弱不勝衣
柔嫩滴汁的葉，洽似那夜
出水芙蓉的妳，從一杯明澈的茶水中走出
咬一口，多汁紅熟的櫻桃，流出玉液瓊漿
吮一口，滲透著濃郁芳香的水蜜桃
原來茶也醉人，醉倒了羞答答的月兒

老者續沖第三泡，一瀉千里
雲光瀲灩，如崇山峻巒間聽松濤
其色，如妳鬢邊茉莉，濃香撲鼻
若妳那夜沐浴淨身後的原味
我閉上雙眼，深吸一口杯上的彩雲，竟有梅香
難忘那夜，暗香浮動影橫斜
貌嫵美，而行嫵婉
正是妳成熟老練，少婦的嫵媚

老人說，種好茶難，產極品最難
好茶須配以春露、夏雨、秋水，還有凝寒霧淞
絕盡所有人工化學肥料
就能產出有機極品好茶
清晨，露水與葉相偎倚時採收最是妙品
茶落市喧已下品，噴了農藥更是下下品

某夜品茗，老者叮嚀：
茗飲宜有幾分正氣修為、閒適沈穩或詩書水平
並有紅粉知己、才子佳人或君子淑女相伴最佳
應忌忽忙酬酢、車水馬龍或心浮氣燥
遠小人、俗人、粗漢、紈袴和惡女、潑婦
烹茶藝術，半茶半水
山泉為上，河水次之，井水更次，自來水最差
此後數年，我一有機會就上茶山
伴老者茗飲，修道、對奕；或觀星、賞月、品花

這裏的月兒，夜夜都是一壺醉人的茶
晨間，微風在窗口偷窺
露水與青葉溫存的不願離去
白天走在林間小徑，隨手一抓
就是一把鳥聲

某日老者道，你當下享用的正是茶中極品
世間有機會喝到這種茶的人極少
普通的好茶或許祇要運氣，極品就大不同
茗極品要命好，有緣份、有悟力、幾分神蹟
這品香茗原種是神州九華山極品鐵觀音
曾有市儈欲以每斤一萬收購不成
一點零頭就想要無價之寶
但是，年青人啊！人世間最恆久的極品瑰寶
正是文章、道德與人品，這纔是極品好茶
捨此而一味求茗，又屬下品

你是福份、智慧與圓滿的不惑者
可惜這裏就要廢山廢園了，兒孫輩要開發成休閒公司
來年要喝好茶到九華山找我吧！

我驀然驚醒，愛戀著老者，前世今生的戀人
清純可愛的少女，是含羞帶怯的第一泡
閨閣幽香的處子，是滋潤舒爽的第二泡
成熟嫵媚的少婦，是濃郁浪漫的第三泡
妳，渾身雅艷，遍體嬌香，
兩彎眉畫遠山青，一對眼明秋水潤

今夜，縷縷小雨，我沖的是一壺甚麼樣的茶？
隻手一提就是
長江水
掩照著濃郁泛映的波光
黃河水

零露溥兮，有梅香的質地
傾瀉入杯，是燕子的呢喃
一壺一壺，一杯一杯，是長長久久的卿卿我我
茶山那段緣續緣再含英咀華
正是我在人世間魂夢以求的珍寶

後記：蘇東坡曾以美女喻茶，故茶中之極品，即女人中的女人。向來品茗之行家，大致同意第一泡如少女的生澀，第二泡茶有閨中小姐的幽香，第三泡茶則如少婦的老練嫵媚，林語堂先生亦有此看法。茶山有三處：一在江西上饒縣北、次在上海吳淞口外海中、另在浙江海鹽縣東南海中、但各類茶種也各有其知名產地。

但本文的「茶山」，就在台灣大學校園內。至於中國的茶道，一人品茶叫「得神」，二人叫「得趣」，三人叫「得味」四人以上叫「聊天」。第一層境界是一人飲茶，宇宙自成一個完整的心靈天地，自由自在。第二層境界一方爲創造者，另方爲鑑賞者，兩人眼神各爲主體，彼此無距離感，有充份自由與對方神交。第三層是品嚐茶味，第四層是多人閒聊。

詩劍江山

大約一百多年前，一向號令天下的武林盟主
因腐敗、墮落，久不練武，功夫盡失
一夜之間被另一股勢力趕下至尊的寶座
那些呼風喚雨的頭頭們，個個成了階下囚

至尊盟主垮台後，江湖上興起各大門派
各大小山頭林立，佔地為王，個個有來頭
決戰帖如雪片般飛出，英雄好漢都想一展長才
到處架起擂臺，武林中風聲鶴唳
免不了一陣陣腥風血雨，顧不了蒼生疾苦

十八般武藝輪流上陣
南拳與北腿對峙，陽謀與陰謀論道
西毒與東寇入侵，邪門和歪道盛行
持續數十年，江湖上依舊糾纏不清
黑白兩道都無道，都只為謀奪盟主大位

三十多年前，我無端捲入這場武林爭端
當年我雖年青氣盛，卻也正氣凜然
決定南行拜師學藝，苦修七年
跟隨一票師兄弟下山，為維護武林正義而戰
縱使戰到最後一兵一卒也不惜
劍在人在，劍亡人亡
並隨時以詩誌之，確保歷史正義得以發揚

縱橫五嶽天山，向長江黃河進出

是我一貫的志向
削平群雄，統一中原武林
是最後的目標
數十年奔走，物換星移
終於趕走了東寇
西毒卻壯大成了地球上最大的黑邦
聲稱趕走了地主，大家有飯吃
又把孔孟李杜挖出來鞭屍
把讀書人鬥成臭老九，造反有理
如此這般，蔚為風潮時尚
凡趕不上或不附合這股流行的
都被打成落伍和封建
各大門派也因此被掃地出門
流落南蠻孤島上的各大門派痛定思痛

團結奮鬥，整經軍武，很有一番中興氣象
可惜好日子過久了，老毛病又犯了
各大門派為搶奪島主大位，又架起了擂台
其中一個東寇餘孽與孤島下女的不倫孽種
名叫老番癲的大頭目，稱聲要自立乾坤
要延續「東寧王國」的香火
老番癲老不死的傳位給名叫阿扁的孽子
更聲稱要割斷祖宗八代的血緣關係
洗牌的結果形成南北對峙決戰，漫天燹火
小小孤島再陷紅羊浩劫，生態環境產生質變
島上的人類全都退化成了類人，生物全遭映
老番癲和他的孽子及一群綠毒
使正常的中華文化文明質變，毒化了全島
篡偷盜視為正常，無恥之徒高居在上
只管輸贏，不管道義，更顧不了眾生苦難

小小的一個小島，經不起動盪
正在一步步下陷、沈淪、下陷沈淪

我有些厭倦，決心退隱深山
修煉另一種武功
以筆墨為劍、為刀、為槍、為文武之大業
以文字為真、為善，為美，為無尚之法力
變幻莫測，去來無蹤
或煉製成一首詩、一行字，乃至
一個字
就能傷人、能殺敵、能滅倭人
能圍剿任何邪魔歪道，維護中原武林正義
能鏟除一切敗類、毒草以及腐敗墮落的篡竊者
能令敗家的不孝孽子絕子絕孫，永絕後患
能滅西毒、東寇和美帝，攻略任何遠近目標

確保中華民族和平安全，華夏江山一統

近二十餘年來，中原武林興起一股公平正義的勢力
這是歷史的趨勢，也是一種磁石效應
盟主武功高強，是正義的化身，乃蒼生之福也
現在，我一提筆，用一首詩為咒語
能進出歷史時空，密訪三皇五帝
秦皇漢武是我的坐上賓
李杜三蘇對我這粉絲亦寵愛有加
在五嶽天山間高來高去，飛簷走壁
在長江黃河間進進出出，來去自如
煉字寫詩
一筆在手，詩在
人在詩在，人亡詩亦在
此刻的我，明心見性，佛住我心

這首詩構想於二〇〇五年，成稿於二〇〇六年。
收錄於《性情世界》詩集（時英二〇〇七年）。
又經多次修訂，二〇一二年冬成本稿。
（古晟二〇一三年元月 台北公館蟾蜍山萬盛草堂）

輯五：非現代詩異傳統詩卷

非現代詩應傳統，說是傳統也欠工；
都是鐐銬兼框架，感動人心雲和風。

夢迴童年往事吟詠

童年回憶

大肚山上童稚夢，桑影隱約朝陽昇；
父母操勞種旱田，只記阿花在跳繩。

眷村生活

中興嶺眷村住，沒幾年，半工半讀早起吹寒風。不苟且，母相隨，
小懵懂，自知寒微打拼不輕鬆。

初中過了

初中三年過去了，往事沒多少，風雨不多稍傷風，故事簡單回憶
睡夢中。阿花小手曾牽過，只是很尷尬，如今想起有些愁，恰似
一溪春水涓細流。

考軍校

當年流行讀士校，回家問爸好不好？
老子一生當士官，人生無望沒得搞。
東勢工職水準差，人窮志短苦哈哈；
走投無路能幹啥，鳳山軍校能發達。

陸官預備班十三期雜詠

當年毛都沒長齊，辭別爹娘遠分離；
大哥送我革命去，是預備班十三期。
合理無理都磨練，吃苦耐勞沒得閒；
午夜有人哭媽咪，身心熬煉大志堅。

生活作息嚴管理，整月無休不稀奇；
麥克阿瑟當標竿，洗地磨地磨心氣。
新來營長孫大公，軍服鼻挺立如松；
留美碩士英文好，他的子弟氣如鴻。

林義俊和解定國，陳鏡培加一個我；
寒假四人征梨山，零下八度凍哆嗦。

劉建民和虞義輝，加我三鐵共徘徊；
後來又有張國英，屏東騎車不想歸。
彈吉他把馬子屌，存錢買琴誰知曉？
土法煉鋼學吉他，帶情人唱歌她嬌。

陸官四十四期學生生活雜感吟詠

一年級入伍生

入伍生住野獸營，黃埔西點同樣情；
是不是加沒理由，如今想起行不行。
誓願蔣公子弟兵，革命陣營成精英；
反攻大陸救同胞，三民主義中國新。

生活體驗

神仙老虎狗，天天地上爬。
吃飯打衝鋒，日夜做苦工。
每日踢正步，經常大掃除。
廁所比臉淨，皮鞋亮晶晶。
年少志氣堅，服從性又高。

學生王子

學生王子真神氣，近看遠看都雄奇；
所有學弟若遇到，注目敬禮算得意。

談戀愛修學分

戀愛學分很重要，我有心得懂技巧；
嶺上見她就觸電，從此心中她最嬌。

雙宿雙飛情，月下擁品茗，小酒一杯飲，香姿斜靠影。綵羅盡退去，一夜百年緣，纏綿在心底。三更醉無力，軟玉溫香夢，共枕忘日月。

遠遊筆吟雜詠

詠二〇〇八跨年

蘭嶼太麻零八年，第一曙光現眼前；
神光乍現舞雲彩，新的一年盼好緣。
全台到處瘋跨年，五成人民窮缺錢；
一夜燒掉千百億，半數傷痛半撒鹽。

遊西湖詩箋

蘇堤風範歌千載，勤政愛民民心來；
東坡人品萬代頌，民族興衰靠人才。
湖中有島島中湖，三潭印月空靈圖；
江南美景色藝絕，神仙臨風在高處。

北伐統一做先鋒，無端弄成滿江紅；
漢奸走狗代代有，炎黃子孫尚多龍。
武穆身前秦跪哭，一哭千年恨當初；
國家統一遲早事，春秋大義警台獨。
千年恩怨早已過，炎黃一族不記仇；
吾國崛起大團結，面對西洋同一夥。

柳浪聞鶯蘇堤春，三潭印月雷峰魂；
南屏斷橋雙峰雲，花港秋月院荷芬。（舊聞西湖十景）
雲竹桂雨虎跑泉，龍井寶石吳山天；
阮墩環碧黃龍翠，玉皇飛雲九溪間。（後聞西湖十景）
六和聽濤靈隱禪，湖濱錢祠北街姍。
岳墓楊堤三台雲，萬鬆書緣梅塢寒。（新新聞西湖十景）

黃山詩鈔

龍蛇神人在黃山，軒轅道人遠悄然；
神龍見首不見尾，青蛙獅子有地盤。
亭池閣峰在山中，遠看連峰一條龍；
轉彎看到光明頂，夢筆生花有海風。
雲海瀑泉共構圖，西北天外人字瀑；
百丈飛泉有奇松，人間美景賽天都。

龍爪古松千年功，得道高僧巍巍崇；
金屋藏嬌吃嫩草，塵緣未了春意濃。註
虛無飄渺蓮花峰，觀音菩薩靜休中；
霎時蓮花朵朵開，嶄然煙嵐緩高聳。

黃帝黟山煉仙丹，陶淵明來此打禪；
歷代騷人宏村歌，無日無月夢中鼾。
黟地宏村桃花源，秦皇一統始設縣；
家家門前有清泉，明清以來都無年。
南唐宏村黟川雪，李後主愛寶一絕；
蒼海桑田已失傳，紙槽村名並不黑。

註：黃山千年古松根部，長出一株百年杜鵑，人們戲稱「金屋藏嬌」。
黃山附近的黟縣宏村是古村落，有東方威尼斯美譽，特產國畫紙「黟川雪」，李後主最愛。

往事吟稿

盤古開天詩鈔

盤古開天分兩邊，黑白分明沒中間；
篡竊貪腐都是賊，剩下朋友閒談天。

不能交的朋友吟草

天地分開兩邊切，黑白分明都很絕；
綠色類人不能交，小心被賣嘿嘿嘿。
人生已過五十幾，相處何必再演戲；
四維八德一個誠，真誠相交別自欺。

嘆柏楊晚節不保吟草

國史文化原有功，挺台獨算啥東東？

晚節不保很可惜，尚未蓋棺想一中。

暫時的非法政權雜吟

一朝天子一朝臣，亂臣賊子今最神；
邪魔歪道都是鬼，不久遲早要讓人。

詠雙連坡上一朵清新的李花

坡上李花嫩雪白，秋月嬌羞款款來；
夜來花落仙女飄，花瓣風中慢解開。
李花情竇才初開，有緣情人偶然摘；
夜來風雨頻催花，涓涓細水雲亂敍。
李花情水深千尺，任誰眼裡是西施；
從此一別西風去，再賞李花待何時？

往事感懷詩草

中興嶺眷村拆了，往事剩多少，小島近年很傷風，故國不堪回首
三月中。房產薪水都還在，只是心情改，台獨貪腐多鎖國？恰似
快乾水泥正在流。

詠綠毒天魔大陸祖國行

陳水扁北京行（一九九一）

阿扁北京探行情，軍博館前留倩影；
證據顯示要賣台，欲率坦克向東行。

呂秀蓮祖國尋根謁祖（一九九〇）

福建南靖才是根，龍潭祖厝情份深；
呂家五次回原鄉，何必毒害台灣人。

游錫堃呈獻祖國祖祠對聯（二〇〇三，其兄代呈）

廿世裔孫游錫堃，一心呈獻真誠純；
日後怎道中國豬，父祖兒女也是人？

謝長廷訪北京（一九九三）

北京貴賓謝長廷，吃香喝辣他最行；
明獨暗統找機會，不信往後看風景。

姚嘉文祖國行（一九九三）

祖國朝拜姚嘉文，參訪名勝找祖墳；
北京溫情不忘記，從此心頭亂紛紛。

李鴻禧祖國北京行（一九九〇）

炎黃叛徒李鴻禧，尋根謁祖何道理？
醜化中國罵自己，無恥文人他第一。

昭君怨・三一九槍擊作弊案

子彈從何而來？李昌鈺拼生意，果真查證據，俟有疑。
全案由誰設計？主謀扁或阿義，讓人民看戲，沒證據。
本是自編導戲，無中生有也易，裡外骯髒劇，翻身難。
是誰出的主意？你祖宗不饒你，春秋大義判，地獄去。

菩薩蠻・記呂秀蓮親口說選票用騙

喜上眉梢話當年，口出蓮花民當真；千禧年好High，閨中人上樓。
能撈盡量早，莫待紅顏老。作弊再連任，統獨幻夢中。
台灣民主的真相，全靠嘴巴吐蓮花；民主選舉High，人的頭腦呆，
一任做四年，上台要備選。政治只好騙，莫怪呂秀蓮。

輯六：近作綜合卷

阿狗阿貓也是詩，看你到底有多痴；
外加天份好不好，六十詩展任情恣。

天倫三部曲

一、天倫的形成

天倫說
之所以有天倫要感謝兩個人
乾柴和烈火
嘿休　一下
火開始燃燒　一發不可收拾
熾烈情火燎原
光彩爛漫一切空間和時間
燒製出一批父母子女兄弟姊妹

火勢代代傳承
氏族、家族、民族是不滅的火

修煉……
祖宗八代、上到萬代老祖
代代孫裔、永不滅熄的天倫之火
故天倫說，要感謝的
只有乾柴和烈火

二、天倫的崩盤

用血建構
萬年不倒的碉堡
現在
一一快速崩坍

三、挽救天倫：種子的期待

許多種子
在第二十八重天等待
等待一個好因緣來投胎

等春天好時節推開一扇有愛的窗
等待幸福陽光可以沐浴種子生長
滑過陰暗的通道分享人間的愛
等待　種子們一直在等待

人間土壤產生了重大質變
說陰陽碰撞總有一傷
不如各自獨立　相安無事
說讓種子出土成長要消耗太多資源
又說何必搬石頭炸腳
有的說陰陽相剋
不如陰搞陰　陽配陽
較易於性相近　習相合
我行我素　我是王道

送子觀音手抱著可愛的娃娃

找不到人家可以投胎
春天只是久盼的期待
生命仍在第二十八重天孕育著
眾神束手無策
玉帝頒旨：奉天承運　玉帝詔曰
那位神仙有無上法力
能打敗人間「不婚不生」歪風
叫目前孕育在天庭花園苗圃的種子
都到人間投生長大
加官三級　再送豪宅一棟

二〇一二年八月十六日　世界論壇報

註：二〇一二年八月四日三月詩會雅聚，詩題天倫，面對目前不婚不生的台灣社會有所感。

三月詩會二十年的期待

莫使歷史儘成灰燼
必將那燼灰再熬煉
成仙——丹

莫使人生精氣神儘退役
必將那隱逸之椽筆
再魔——灑

莫使青春喚不回
必將那已逝的良宵
再喚——回

好讓那「三月情懷」、「茶情詩意」、
「端陽詩情」
再青春一次
再站上舞台的正中央

（二〇一〇年四月三十日　詩會習作『五月份』）
世界論壇報，二〇一二年七月廿六日

給劉焦智

很久以前
劉焦智是一個遠方的路人甲
我在這頭
他在那頭

後來有秦嶽，文曉村等文化人牽線
劉焦智是山西芮城一個有使命感的文化人
我在這頭
他在那頭
去年
劉焦智終於構建了他和我的小橋
我從這頭

走到那頭
現在、未來
劉焦智等人在那頭搞
許多人在這頭幹
遲早要把兩岸搞在一起

小記：這首詩語氣上，仿余光中的「鄉愁」一詩。

二〇一一年秋山西芮城行

秋水行吟

泱泱明淨秋水之湄
潺潺水聲　幻夢囈語
映影，熠熠清涼的秋光
秋光中有春天的氣息
明晃晃
水的樂音　蜿蜒逶麗
悠悠情境中密說心事
隱逸在叢林的邊陲愛戀謬司

四季吹著香甜的風
斷斷續續有些雨聲
風不爭風　雨不鬥嘴
詩人行吟　歌者論情

都與我心靈共鳴
幽幽瀅瀅
風似歌　雨如弦　皆如詩
徐徐沁入每位行者的心海
秋水詩屋小憩　抬望眼
遠方無盡蒼茫　不可說
近處山間古道　可寫意
附近商販用吆喝暢說歲月
歲月流淌
不知不覺
任風雨山水如何奔流
我就是秋水之畔
閒晃吟彈

小記：近幾個月，兩次到秋水的「天空詩屋」閒聊、唱歌，那種感覺，正是慢活。

世界論壇報，二〇一二年五月三十一日

關於花與無關花系列小品

阿花

她常問鏡子
怎樣才是妖嬌美麗
鏡子無言
她問湖邊柳葉
柳腰擺臀的幅度是多少
柳葉逕自舞春風

花心

他每次看到一朵花
就忍不住要撫摸她
然後

把花瓣
一瓣瓣剝下
然後
還想插花

野花

與藍天白雲　波光潋影
以及蝴蝶、蜻蜓
共構一幅人間美景
何必說人家是野花
大自然不能沒有她

心花

在花園、荒野、天堂
到處有花
在沙漠、冰山、地獄

如果你願意
也可以心花朵朵開

花瓶

擺我 任何地方
我定能改變
一方世界
若擺我 於地底下
沉睡千年
我便價值連城

探花

探花已經作古了
但李探花
因小李飛刀
依然活在廿一世紀

他是永恆不死的
探花　李尋歡

花漾

只要是花一定會笑
瓶中花　靜靜綻放笑意
野花　開懷大笑
阿花　笑的很可愛
心花　是心中的佛
而那
花心的笑
要小心了

如花（註）

千萬別上當
如花

不像花
是人也是妖
其笑亦如花

註：「如花」，在周星馳的電影中，「武狀元蘇乞兒」、「九品芝麻官之白麵包青天」等，是醜女或人妖的代名詞。

葡萄園詩刊社50週年慶

五十歲了
沒有腰酸背痛
且活力像一條龍
準備進出三江五嶽
穿越千載民族魂魄
詩展山河與人文

一粒粒鮮明的意象
以健康、明朗
在神州大地播下清醒的種子
這一園葡萄的價值
勝過許多蘋果櫻桃仙果

各方粉絲紛紛把訂單
無條件寄來

二〇一二年七月十五日，葡萄園詩社在天成飯店
慶祝五十週年，佳賓雲集，以詩誌之。　陳福成

我的世界

我
是一個世界
忽大忽小　忽有忽無
有時亂的像雜貨店
有時冷冷清清
但我最愛清淨的
建構理想國

我
是一個理想國
我的國度必須是浪漫唯美的
且自由自在
完善的組織和運作是自動化的

更有先進的精神文明文化
從童年到中老年
未曾放棄我的國

我
是國王也是臣民百姓
儘管有許多人在我的國中
來來去去　進進出出
他們也像沒來過　沒進過
大多時候我一人住
一人守國
一人做夢
最後也由我一人負責
關閉國門

寫於二〇一二年七月，某日超熱，蟾蜍山上的蟬叫了一中午，在沙發上午睡，做一夢，自己是一國王，醒來草成一詩，蟾蜍山下萬盛草堂主人陳福成記。

林益世轟炸

官威　瞬間自高處墜墮
原形現相
是一窩子鼠輩
媒體以千倍廣島原爆的威力
日夜轟炸

不看電視　早早去睡
夜，還是不安寧
轟炸威力竟如此之大
沒有核心與邊陲之分
爆炸聲　從
隔壁的隔壁的隔壁……

穿過重重門牆
把漫漫黑夜炸得更長更沉更黑
起牀拉攏窗衣
企圖把黑暗、貪婪和爆炸聲
阻絕在外
但無效
世界一半是黑的一半是白的
只好繼續睡　等白天來臨

小記：

在很多藍營的活動都碰到林益世，以為他真是統派新一代有希望的人馬，沒想到更惡劣，這種人比陳水扁可惡，阿扁擺明：「我就是大壞蛋！怎樣！我就是要吃！吃垮台灣！怎樣！我打定主意就是要搞錢，沒有欺騙人民！沒有罪！有罪的是藍營那些豬！還相信了我！」

林益世是暗著吃，他全家還是出身教育界，形象良好，穿著仁義道德的美麗外衣，實際上一家鼠輩，看她老婆算是一隻漂亮可人的老鼠。

台灣沒希望了，一股勢力明著吃，一股暗著吃，不垮才怪，也好，垮了才有重生的機會，詩曰：

管他天坍與地沉，去他娘藍綠誰真？
滿清垮中國新生，無欲無求我最神。

我還是相信中國歷史有一定的發展方向，現在統獨兩派都在搞假的，好像只有吃錢才是真的，台灣真是悲哀，沒救了。（台北蟾蜍山萬盛草堂主人陳福成，詩和小記都寫於林益世這隻豬八戒貪污案爆發後，祝福他全家都到無間地獄相聚，二〇一二年七月。）（補註：無間地獄是十八層地獄的一部份，詳見《地藏菩薩本願經》，或見我所著《奇謀迷情輪迴》（文史哲出版）一書介紹。）

「七七」的進化

淒厲的槍聲
把中華民族驚醒
那悲慘的歌
在我們心中要傳唱
百年、千年、萬年

別又睡著了
未來這淒厲的槍聲
也要在倭國響起
叫那些鬼也醒一醒

二〇一二年七月七日因「七七」抗戰紀念，三月詩會訂詩題「戰爭」，提習作，有感共勉之！

台北蟾蜍山萬盛草堂陳福成

蝶戀花・戲蔡英文

蔡英文越看越菜
頭腦不清，活棋成死路
十字路口何處去，收拾爛攤賣菜好
回首台北三月春
綠林來瘋，一個猜查某
群花驚慌哭一糰，賣菜阿菜默無語
這個想法實在菜
蔡掌台大，請妳幫幫忙
想想自己那塊料，看來只有賣菜好

二〇一二年六月，聞蔡英文想當台大校長傳爲笑話，戲作於七月七日三月詩會供各詩人雅賞。

陳福成於蟾蜍山

人，戰爭

我這個人，酷愛戰爭
當砲聲把沉悶的空間
劃成朵朵浪花
多像一幅美麗的西畫
那聲音
如聽杜比音響

我這個人，總在精神失常　或
心情不佳時
發動戰爭
讓一座座城池跳舞
讓一個個兵將吶喊

地雷埋壓太久也會抱怨
讓大家發洩吧

我這個人，無所不在
在惠州，在武昌，在成都
在珍珠港，在諾曼第，廣島……
叫許多人完成自我實現
死的，死的其所，獲得名聲
活的，活的驕傲，升官發財
有我在的地方，就有
輝煌

我這個人，主宰著歷史
從遊牧到農業到工業到後現代
所有的未來
我的足跡串成歷史的方向

從未失誤，亦非妄言
啊！我是超人更是超神
但多時候，我精神失常
又心情不好
戰爭是我的娛樂
我的治療
使我正常度日

二〇一二年七月七日 於三月詩會詩題「戰爭」
世界論壇報，二〇一二年七月十二日
葡萄園詩刊，第一九五期，二〇一二年秋

孝親，在流浪

孝親很老了
活的很累、很苦、很沒有尊嚴
而且很重
是許多人心中的石頭
都深恐掉下來砸到腳
孝親只好成為流浪漢
沒人要
獨自躺在無人要的街角
等死
撿取人家丟過來的同情充飢

為何要去街角流浪

因為孝親已不住於家
為何等死
因已半死不活
想活，這世界誰要接納
想死，一息尚存
期待有好心的給他最後一刀
解脫
啊，孝親，你所處的世界
是何樣的世界

孝親現在成了孤魂野鬼
在陽界，沒有依住的家園
而陰界，尚未取得入境簽證
遊走於陰陽兩界間的灰色地帶
前進無門　回頭無岸
苦海無邊　阿彌陀佛

小記：現在的台灣社會，子女爲家產整死了老父母，或老父、老母被子女遺棄，乃至活活餓死的，天天都有，新聞報導兩回後，再也無人提起。中國文化曾經高舉「以孝治天下」大旗，但現代「孝親」、「孝養」觀念如此的「淡」定了。（二〇一二年九月一日，三月詩會，詩題「雲」或自由發揮，萬盛草堂主人陳福成有感於最近一些聽聞。）

世界論壇報，二〇一二年九月二十日

秋之2012

陽光凝結成霜
每個老美
都把一道道門當午門
每個市場像菜口市
石頭下都藏著恐怖份子

而十五億的伊斯蘭朋友們
醒了
沒有恐懼的季節
風聲亦不寒
向十億個魔鬼挑戰

武士刀閃著蕭索的光
倭人瑟縮的身子
又夢想著一統東亞的快感
一不小心
武士刀在自己肚子上開了大洞
現在的中華兒女
連睡覺都是醒的
一波波口水淹沒扶桑之島
一雙雙行腳踏平倭寇之窩
誓言五十年內重建扶桑省

△**小記**：二〇一二之秋淹漫成秋之二〇一二，乃至二〇一三……廿一世紀的中國人必面臨一場神聖之戰，消滅倭人，並收服倭國（今之日本）成爲中國的一省，即「扶桑省」，打傳統戰太慢，變數太多，我主張以五顆核武，一舉在兩小時內消滅五分之四倭人，快速收爲我國一省，亞洲從此永久太平，我向所有中國人警示，這是無法避免的一戰。我的背景是軍事戰略、戰史，我從歷史洞見未來；我也寫詩，這是詩，是聖戰之詩。（陳福成草於二〇一二年中秋節前，台北公館蟾蜍山萬盛草堂。）

△**補記**：雖然要犧牲掉很多倭人（約一億以上），但相較數百年來倭人對全亞洲的傷害，及用傳統戰的死傷，還是便宜，核武值得用。

△**再補記**：（二〇一三年元月第一校）：地球上有各種族，爲可只有「大和民族」必須完全消滅掉？其實原因簡單，「武士民族」有天生的侵略性、略奪性，他們永遠是世界的「禍源」。消滅倭人，是廿一世紀中國人的天命、天職，中國人必須面對的「聖戰」。

宜蘭蘇澳碧涵軒帝雉生態館一日遊

虞美人——過雪山隧道

地球開挖不得了，困難知多少，過度開發很傷風，小島不堪回首幾年中。暫時利多到處開，只是風水改，問你能有幾多疑，恰似民意之水如亂流。

長相思——三星田園風光、長埤湖

雲幾片，水一方，風景秀麗氣宜人。心兒淨，人相和，滿山綠意水更好，瞬眼天籟歌。

菩薩蠻——三星青蔥文化館

蔥花蔥白滿天霧，吉日一車開過去，一一試吃味，大包小包提。
三星那顆蔥，竟說文化館，打開市場難，還要再努力。

浪淘沙——員山八甲漁場午餐（二帖）

漁場一池池，生意盈然，關姊用心大家安，半生辛苦都捨得，吾本貪歡。獨自喝悶酒，很快闌珊，不如大家來同樂，絕不要人在天堂，錢在銀行。

香魚一尾尾，口水潺潺，配冰啤酒更是酣，老遠跑來所為何，並非貪玩。人生如朝露，白雲蒼狗，把握機會拼經濟，漁場獲利我歡喜，利人利己。

一斛珠——碧涵軒帝雉生態館（二帖）

本是皇家，沒落到住鐵皮屋，向人訴苦要化緣。聲聲高歌，美夢還是破。羅衫亮麗秀餐可，清風明月無人管。碧涵館中嬌無那，粗茶淡飯，笑向客人說。

鳥中之王，氣宇不凡臨瀕絕，個人因緣無人懂。一睹風采，是張漢欽功。霓裳羽衣華彩色，視覺享受世界級。可惜缺錢很無奈，裡看外看，台大人有福。

子夜歌——宜蘭餅發明館

賣蔥的叫文化館，售餅的稱發明館，進去看究竟，到底發明啥。管他玩文字，有貨有希望，獲利意料中，生意一定紅。

烏夜啼——快樂的一天

一天過了真夯，也匆匆，若在長埤湖露營才瘋。烤香魚，喝啤酒，看星星，自是人生歡樂如夢中。

小記：

四月十九日的宜蘭一日遊，在歡樂氣氛中結束。沿途大家說笑唱歌，享美食看美景，每個景點都給人不同的感覺思維。關姊、麗華、李醫師、樓將軍、沈老師、江哥、光華、老吳、大吳……都是這景中之美景，我看到最美的一景，就是你。

中國文學對景物的書寫，向來形式多變，詞是歷史上次於詩的發達形式，而李後主的詞更是中國文學「永恆不倒的君王」，但他在政治領域卻是一個「亡國之君」。人生成就和價值的兩極化，真是莫此爲甚了。

這次的遊記我採用詞的形式，詞有固定譜調字數，不過是一種遊戲。有興趣的朋友，可自行讀讀李後主（李煜，九三七—九七八年，南唐昇元元年——宋太宗太平興國三年）最知名的幾款詞，本文所用之「虞美人」、「長相思」、「菩薩蠻」、「浪淘沙」、「一斛珠」、「子夜歌」、「烏夜啼」等，都是文學上永恆之名品。（台大退聯會理事兼書記陳福成，二〇一二年四月二十二日，草於台北公館蟾蜍山萬盛草堂）

啓航

我們自南鑾起航
千山萬水
航向河之南
航向山之西
找尋我們生生世世渴求的夢土
一座理想國

找
天之堂
神之州
龍之故鄉
我心中的靈山
不會從天空掉落

尋
我見群龍舞起
風雨
溫潤一個個
巨大的龍珠
又起航

從日到夜又從夜到日
從生到死又從死到生
找不到絕不甘心
我們又起航、起航
航向理想國度
找我們的心上人
在河之南
在山之西

記二〇一一年秋鄭州、山西行
《秋水詩刊》第一五二期，二〇一二年元月

在「鳳梅人」醞釀著

一方才幾米的「微型辦公室」
究竟能包納神州大地多少個山頭！
能醞釀五千年歷史文化！
能釀製一段緣自
生生世世的友情

在「鳳梅人」笑談古今風雨
終究都雨過天晴
臧否正邪善惡
有誰逃得出春秋大義之裁鍘
於是，我們持續醞釀著

歷史文化倫理道德都在醞釀著
你們在那頭搞
我們在這頭搞
遲早，我們要搞在一起
只要好好醞釀這把火

記二〇一一年秋，台客、吳信義夫婦、俊歌、江奎章和我等六人訪山西芮城，一群人九月十一日晚上在芮城劉焦智的辦公室高談論道有感。

人在江野，給劉焦智

你堅持，人在江湖
不那麼江湖，在江野，純粹的在野
因為禮失求諸野
但難到春秋大義和良心都在野了

詩歌，不分在朝在野
詩歌，乃中道　才有巨大的力量
如一粒種子，神州大地的土壤
到處能播種
文化人以詩歌以情義播種
管他在朝在野
只在乎華夏光輝，民族興盛
還有，國家統一

二〇一一年秋在山西芮城劉焦智府上的交流感想

秋水之琴

我願蹀蹀秋水溪畔
聽輕風小雨
傾訴她們的心事
看藍天白雲
享受自在人生

我要日夜守著秋水小屋
我也渴望各方詩友
撥弄我的心弦
讀我的心事
能與妳共鳴

我是秋水之琴
與秋水同在
天長地久　地老天荒
永遠依偎在秋水懷裡做夢
永遠不要醒來
永遠……

刊戴《秋水詩刊》第一五四期，二〇一二年七月

小記：「秋水之琴」是秋水詩屋（詩人涂靜怡主持）裡的一把吉他，歡迎有緣人來撥弄她的心弦，共譜愛之樂章。

陳福成60著編譯作品彙編總集

編號	書　名	出版社	出版時間	定價	字數（萬）	內容性質
1	決戰閏八月：後鄧時代中共武力犯台研究	金台灣	1995.7	250	10	軍事、政治
2	防衛大臺灣：臺海安全與三軍戰略大佈局	金台灣	1995.11	350	13	軍事、戰略
3	非常傳銷學：傳銷的陷阱與突圍對策	金台灣	1996.12	250	6	傳銷、直銷
4	國家安全與情治機關的弔詭	幼　獅	1998.7	200	9	國安、情治
5	國家安全與戰略關係	時　英	2000.3	300	10	國安、戰略研究
6	尋找一座山	慧　明	2002.2	260	2	現代詩集
7	解開兩岸10大弔詭	黎　明	2001.12	280	10	兩岸關係
8	孫子實戰經驗研究	黎　明	2003.7	290	10	兵學
9	大陸政策與兩岸關係	黎　明	2004.3	290	10	兩岸關係
10	五十不惑：一個軍校生的半生塵影	時　英	2004.5	300	13	前傳
11	中國戰爭歷代新詮	時　英	2006.7	350	16	戰爭研究
12	中國近代黨派發展研究新詮	時　英	2006.9	350	20	中國黨派
13	中國政治思想新詮	時　英	2006.9	400	40	政治思想
14	中國四大兵法家新詮：孫子、吳起、孫臏、孔明	時　英	2006.9	350	25	兵法家
15	春秋記實	時　英	2006.9	250	2	現代詩集
16	新領導與管理實務：新叢林時代領袖群倫的智慧	時　英	2008.3	350	13	領導、管理學
17	情情世界：陳福成的情詩集	時　英	2007.2	300	2	現代詩集
18	國家安全論壇	時　英	2007.2	350	10	國安、民族戰爭
19	頓悟學習	文史哲	2007.12	260	9	人生、頓悟、啓蒙
20	春秋正義	文史哲	2007.12	300	10	春秋論文選
21	公主與王子的夢幻	文史哲	2007.12	300	10	人生、愛情
22	幻夢花開一江山	文史哲	2008.3	200	2	傳統詩集
23	一個軍校生的台大閒情	文史哲	2008.6	280	3	現代詩、散文
24	愛倫坡恐怖推理小說經典新選	文史哲	2009.2	280	10	翻譯小說
25	春秋詩選	文史哲	2009.2	380	5	現代詩集
26	神劍與屠刀（人類學論文集）	文史哲	2009.10	220	6	人類學
27	赤縣行腳・神州心旅	秀　威	2009.12	260	3	現代詩、傳統詩
28	八方風雨・性情世界	秀　威	2010.6	300	4	詩集、詩論
29	洄游的鮭魚：巴蜀返鄉記	文史哲	2010.1	300	9	詩、遊記、論文
30	古道・秋風・瘦筆	文史哲	2010.4	280	8	春秋散文

陳福成 60 著編譯作品彙編總集

31	山西芮城劉焦智（鳳梅人）報研究	文史哲	2010.4	340	10	春秋人物
32	男人和女人的情話真話（一頁一小品）	秀　威	2010.11	250	8	男人女人人生智慧
33	三月詩會研究：春秋大業 18 年	文史哲	2010.12	560	12	詩社研究
34	迷情・奇謀・輪迴（合訂本）	文史哲	2011.1	760	35	警世、情色
35	找尋理想國：中國式民主政治研究要綱	文史哲	2011.2	160	3	政治
36	在「鳳梅人」小橋上：中國山西芮城三人行	文史哲	2011.4	480	13	遊記
37	我所知道的孫大公（黃埔 28 期）	文史哲	2011.4	320	10	春秋人物
38	漸陳勇士陳宏傳：他和劉學慧的傳奇故事	文史哲	2011.5	260	10	春秋人物
39	大浩劫後	文史哲	2011.6	160	3	歷史、天命
40	臺北公館地區開發史	唐　山	2011.7	200	5	地方誌
41	從皈依到短期出家：另一種人生體驗	唐　山	2012.4	240	4	學佛體驗
42	第四波戰爭開山鼻祖賓拉登	文史哲	2011.7	180	3	戰爭研究
43	臺大逸仙學會：中國統一的經營	文史哲	2011.8	280	6	統一之戰
44	金秋六人行：鄭州山西之旅	文史哲	2012.3	640	15	遊記、詩
45	中國神譜：中國民間信仰之理論與實務	文史哲	2012.1	680	20	民間信仰
46	中國當代平民詩人王學忠	文史哲	2012.4	380	10	詩人、詩品
47	三月詩會 20 年紀念別集	文史哲	2012.6	420	8	詩社研究
48	臺灣邊陲之美	文史哲	2012.9	300		詩歌、散文
49	政治學方法論概說	文史哲	2012.9	350	8	方法研究
50	西洋政治思想史概述	文史哲	2012.9	400	10	思想史
51	與君賞玩天地寬：陳福成作品評論與迴響					文學、文化
52	三世因緣：書畫芳香幾世情					書法、國畫集
53	讀詩稗記：蟾蜍山萬盛草齋文存	文史哲				讀詩、讀史
54	嚴謹與浪漫之間：詩俠范揚松	文史哲	2013.2			春秋人物
55	臺中開發史：兼臺中龍井陳家移臺略考	文史哲	2013.1	440		地方誌
56	最自在的是彩霞：台大退休人員聯誼會	文史哲	2012.9	300	8	台大校園
57	古晟的誕生：陳福成 60 詩選	文史哲				現代詩集
58	台大教官興衰史話	文史哲				台大、教官
59	爲中華民族的生存發展集百書疏：孫大公的思想主張書函手稿	文史哲				書簡
60	把腳印典藏在雲端：三月詩會詩人手稿詩	文史哲				手稿詩
61	英文單字研究：徹底理解英文單字記憶法	文史哲				英文字研究
62	迷航記：黃埔情暨陸官 44 期一些閒話	文史哲				軍旅記事、傳體小說